金牛古道

朱林星 著

陕西新华出版传媒集团
陕西人民教育出版社
·西安·

图书在版编目(CIP)数据

金牛古道 / 朱林星著. -- 西安 : 陕西人民教育出版社, 2019.12

ISBN 978-7-5450-7024-8

Ⅰ. ①金… Ⅱ. ①朱… Ⅲ. ①古道—介绍—陕西 Ⅳ. ①K928.78

中国版本图书馆 CIP 数据核字 (2019) 第 286600 号

金 牛 古 道

JINNIU GUDAO

朱林星 著

策划编辑：张晟洁

责任编辑：张亦偶

责任校对：袁燕燕

出版发行：陕西新华出版传媒集团

陕西人民教育出版社

地址：西安市丈八五路 58 号

经销：各地新华书店

印刷：陕西金和印务有限公司

开本：787mm×1092mm 1/32

印张：6.5

字数：130 千字

版次：2019 年 12 月第 1 版

印次：2019 年 12 月第 1 次印刷

书号：ISBN 978-7-5450-7024-8

定价：58.00 元

目　录

第一章　金牛道之缘起——关中

1

中华民族的繁衍生息之源，是滔滔奔流的长江黄河。秦域蜀地的文明运载之始，是沧桑的秦岭古道。

若说长江黄河如母，哺育着中华民族的血肉之躯，那么秦岭如父，锻铸着中华民族的钢筋铁骨。长江黄河之道磅礴广阔，秦岭之道纵横峻拔。

华夏大地，朝代更迭，权杖屡易，秦岭之道也随之时兴时废。行走在秦岭之道的帝王将相、才子佳人、贩夫走卒都归于尘土，而秦岭之道更是历经沧桑巨变。时至今日，青山依旧在，古道夕阳红。那些峥嵘的岁月和坚韧的足迹，都化成了秦岭雄风，呼唤着我们走进秦岭，向“老父”问道。

噫吁嚱，危乎高哉！

蜀道之难，难于上青天！

蚕丛及鱼凫，开国何茫然！

尔来四万八千岁，不与秦塞通人烟。

西当太白有鸟道，可以横绝峨眉巅。

地崩山摧壮士死，然后天梯石栈相钩连。

上有六龙回日之高标，下有冲波逆折之回川。

黄鹤之飞尚不得过，猿猱欲度愁攀援。

青泥何盘盘，百步九折萦岩峦。

扪参历井仰胁息，以手抚膺坐长叹。

问君西游何时还？畏途巉岩不可攀。

但见悲鸟号古木，雄飞雌从绕林间。

又闻子规啼夜月，愁空山。

蜀道之难，难于上青天，使人听此凋朱颜！

连峰去天不盈尺，枯松倒挂倚绝壁。

飞湍瀑流争喧豗，砯崖转石万壑雷。

其险也如此，嗟尔远道之人胡为乎来哉！

剑阁峥嵘而崔嵬，一夫当关，万夫莫开。

所守或匪亲，化为狼与豺。

朝避猛虎，夕避长蛇；磨牙吮血，杀人如麻。

锦城虽云乐，不如早还家。

蜀道之难，难于上青天，侧身西望长咨嗟！

这是唐代诗人李白的《蜀道难》。置身险象丛生的蜀道中，诗人神游古今，发出了深沉激扬的历史浩叹，用如椽巨笔写下了这篇镌刻在蜀道上的千古奇文。因为有险峻山岭阻隔，致使古蜀国与秦地隔绝“四万八千岁”之久，直到蜀王以“地崩山摧壮士死”的代价修成了“天梯石栈相钩连”的山道。振翅高飞的黄鹤与最擅长攀缘的猿猱都难逾越的山道，使人望而生畏。在莽苍的古林中听闻朦胧月色下杜鹃的悲啼，使人愁苦凄绝。奇峰险壑间的飞瀑激流，如惊雷轰隆震荡，更使人心胆悚惧。

自诗仙《蜀道难》面世，秦岭中的山道就被笼统地称为蜀道了。其实，从秦地到蜀地的山道主体部分是在秦地境内。诗中所说的蜀道即为秦蜀道之金牛道。秦蜀道分为连通关中地区的陈仓道、褒斜道、傥骆道和子午道，这些古道在汉中各地点与金牛道相接，通达秦蜀。

相传，金牛道开拓于战国时期，源自秦惠王的霸心和蜀王的贪心。

据《太平御览》记载，“秦惠王时，蜀王不降秦，秦亦无道出于蜀。蜀王从万余人东猎褒谷，卒见秦惠王。惠王以金一笥遗蜀王，蜀王报以礼物，物尽化为土。秦王大怒，臣下皆再拜贺曰：‘土者土地，秦当得蜀矣。’秦王恐亡相见处，乃刻五石牛，置金其后。蜀王以为金，便令五丁拖牛成道，致三枚于成都。秦道乃得通，石牛之力也。”

从这段记载来看，蜀王为了得到秦国可以“屙金”的石牛，才调遣了大量人力物力修筑了连通秦蜀两国的山道。其实，远在秦蜀交战之前，金牛道就是蜀地和秦地先民行走往来的重要山路，只是没有具体名称。后因“石牛粪金”的记载，人们便以“石牛道”称之。到了唐武德年间，朝廷在今大安镇置县，以“石牛粪金”故事，取县名为金牛县。由此，石牛道也被称为金牛道。

金牛道的基本路线是勉县—金牛驿—五丁关—宁强—七盘关—朝天驿—利州—葭萌关—剑门关—绵阳—广汉—成都。

在不同的历史时代，此道又分为秦汉之循白水关金牛道、唐宋之循嘉陵江金牛道、明清之循五丁关金牛道。

古代巴蜀是中华民族历史长卷上的一颗明珠。

据《华阳国志·卷一·巴志》记载："《洛书》曰：'人皇始出，继地皇之后，兄弟九人分理九州，为九囿，人皇居中州，制八辅。'华阳之壤，梁岷之域，是其一囿，囿中之国则巴蜀矣。"

相传，华夏始祖人皇兄弟九人，每人分别镇守一州。到了颛顼时期，颛顼将一子分封到蜀地为王。后世纷争不断，统御蜀地的蜀王也在不同氏族间相继更替。周武王灭商后，又将宗室分封到了巴地。

蜀国以成都为都，巴国以今重庆为都，两国世代为仇。蜀王开明氏封其弟葭萌为苴侯。后来，苴侯和巴王结盟，引起蜀王震怒。蜀王发兵攻打苴侯，苴侯与巴王合兵抗蜀，难分胜负。于是，巴、蜀两国分别派遣使者携带厚礼奔赴秦国，请求秦惠王不要支援敌国。秦惠王早有谋划，借机收下重礼，向两国使者允诺绝不出兵。待巴、蜀两国使者回国后，秦惠王召集张仪和司马错商讨战略大计。张仪主张伐韩，司马错力图伐蜀，并陈述理由。

据《战国策·秦策》记载："司马错曰：'夫蜀，西僻之国也，而戎狄之长也，而有桀纣之乱。以秦攻之，譬如使豺狼逐群羊也。取其地，足以广国也；得其财，足以富民，缮兵不伤众，而彼已服矣。'""惠王曰：'善，寡人听子！'卒起兵伐蜀，十月取之，遂定蜀。蜀主更号为侯，而使陈庄相蜀。蜀既属，秦益强富厚，轻诸侯。"

于是，秦惠王决定攻蜀，张仪和司马错率领秦军，经金牛道行进。几经鏖战，巴、蜀国灭，成为秦国郡属。秦昭王时期，范雎相秦，修建了通达千里的秦蜀道，更使此地成为秦国统一天下时重要的物产大仓。

"苏秦始将连横，说秦惠王曰：'大王之国，西有巴、蜀、汉中之利；北有胡貉、代马之用；南有巫山、黔中之限；东有崤、函之固。田肥美，民殷富，战车万乘，奋击百万，沃野千里，蓄积饶多，地势形便，此所谓天府，天下之雄国也。'"（《战国策·秦策》）这是战国纵横家苏秦游说秦惠王时所描述的秦国地理形胜。

据《史记·留侯世家》记载："夫关中左崤函，右陇蜀，沃野千里，南有巴蜀之饶，北有胡苑之利，阻三面而守，独以一面东制诸侯。诸侯安定，河渭漕挽天下，西给京师。诸侯有变，顺流而下，足以委输。此所谓金城千里，天府之国也，刘敬说是也。"这是汉初张良劝告刘邦定都关中时对关中地理形胜的分析。

据《三国志·诸葛亮传》记载："益州险塞，沃野千里，天府之土，高祖因之，以成帝业。"诸葛亮为刘备分析天下形势，说四川是天府之地。

由以上三处古典文献记载可知，关中和巴蜀在古代都被称为物产丰饶的"天府"。

所以说，连通这两个天府之地的金牛道有非凡的历史意义，恰如"金"璀璨生辉，又如"牛"负重行远。

今时今日，金牛道两端的人与物，都随时代推移成了斑驳的光影。

○秦咸阳城遗址

○汉长安城遗址

○唐大明宫遗址

○栈道千里 通于蜀汉

在成都，蜀雨涨添锦江水，古渡苍芦，都已经成为久远的往事；在关中，秦风兴替汉唐家，晨钟暮鼓，都已经成为久远的回响。然而，有古道情怀的人，仍可踏寻一种别样心境：但观古辙染苔碧，千里云深自在花。

2

汉中，是川陕古道之枢纽，也是金牛道之始发地。南北两地的行旅往返在金牛道上，临险境抒怀，咏美景寄情，壮志激扬者有之，魂体落寞者有之。一字字，一句句，都附着在金牛道的岩石、水流、草木和峰岭上。这些原本无情之物，正因为有了这些行旅，才变得多愁善感起来。金牛道上的行旅与金牛道上的景致心意相通，这其中便有一个身影和一些足迹是属于陆游的。

陆游的一生是骏马报国和瘦驴独行的一生。他戎装骏马奋进的路是金牛道，他儒衣瘦驴折志的路也是金牛道。他奋进在南郑，意气风发；他撤退到成都，四顾茫然。

靖康之变后，南宋与金以淮河为界，苟且偷安。年幼的陆游也随父母举家南迁绍兴。

陆家是官宦名门，其父陆宰是抗金派，很多主战派常在陆家纵谈军机，立志收复河山，慷慨激昂时更是拍案挥斥、热泪横流。陆游自小耳濡目染，心中埋下了收复失地的种子。尤其在岳飞冤死后，正值青春的陆游更加用功，夜以继日地读书习武，期待练就一身匡复河山的本领。

陆游39岁时，陪同抗金主帅张浚视察江淮防务，战船在猎猎寒风中扬帆，将士在茫茫苍穹下拔刀，北伐杀敌的气势如贯天长虹。可是不久，张浚就被罢免，死于回乡路上的秋风里，陆游北伐报国的壮志亦化为泡影。

几年后，陆游被任命为夔州（今四川奉节）通判。于是，陆游携带家小前往巴蜀。任职一年，陆游又接到调令，前往宋金对峙的西部前线——川陕交界之地南郑。

四川宣抚使王炎驻扎在南郑节制诸路兵马，陆游在其幕府参赞军机。腹藏韬略的陆游深受主帅王炎赏识。陆游向王炎献上“先收陇右、再占长安、后图中原”的进取之策。

主帅王炎与幕僚陆游等人运筹军机，成功策反了几个

○**金牛古道**

据守要塞的金军将领。只要朝廷下令出兵，收复长安胜券在握。可令众将士气愤的是，朝廷没有下达进军令，却下了一道调离王炎的圣旨。严整的西部战线随之星散，陆游的疆场报国志破灭了，他被调任为成都府路安抚司参议官。在南郑八个月，刀剑锵锵的军旅生活让他的诗风变得激昂豪壮。

陆游多次往返金牛道。金牛驿、三泉驿、筹笔驿、龙洞阁、嘉川铺、葭萌驿、魏城驿、罗江驿、白马关，这些金牛道上的驿铺与风物，无不在他的口中和笔端得到了咏叹。他频频赋诗抒怀，一首首肺腑之情，使他所经临的地方随着他的诗文而长情。

金牛道中遇寒食

［宋］陆游

乍换春衫一倍轻，况逢寒食十分晴。

莺穿驿树惺惚语，马过溪桥蹀躞行。

画柱彩绳喧笑乐，艳妆丽服角鲜明。

谁知此日金牛道，非复当时铁马声。

○陆游行经金牛道所咏诗句

这些金牛道上的风物岁岁不同，却被陆游的诗句定格成了永恒。告别了本可赳赳杀敌的北伐路，将戎装换成了儒冠，颓然南下，金戈铁马付诸东流。

未能上马杀敌的陆游，将阵前沸腾的壮行酒换作一只干瘪的酒囊，辞别了扬蹄的骏马，与一匹落魄的瘦驴意兴阑珊地行走在潇潇夜雨中。山色迷蒙，剑阁矗立前方，直插苍穹。雄关无言，诗人有恨。

走进了成都，走进了沁芳流翠城。

花柳繁华地，温柔富贵乡，最易寒心销志。但陆游从未忘却国殇，热闹过后，他总会展开军事地图，如炬目光落在那山川形势上，直到雄鸡啼晓。

在四川，陆游多居成都，几经辗转，几经沉浮，终归故园。他将一生诗作结集成册，取名《剑南诗稿》，以纪念在川陕军中的戎马岁月。

陆游自少年至暮年，魂牵梦萦的进取之道是秦惠王运筹南征巴蜀的金牛道，至死崇尚的报国之军是岳武穆率领北伐金国的宋军。不论寄身蜀地成都，还是归居江南绍兴，陆游最引以为傲的地方是剑胆琴心的汉中。

我们追寻陆游的足迹从汉中至成都，重走一趟金牛古道，在那些珍贵的遗存风物里“陆游”。

第二章　古阳平关

1

古阳平关，西控巴蜀，北通关中，依定军山、汉水等形胜之地，是扼守金牛道的第一道关隘。因此，人们称之为“蜀之咽喉”和“汉中门户”。

现在的阳平关城是勉县近年重建起来的，以作为人们游赏怀古之地。我到阳平关时，已经是下午了，天气时阴时晴。工匠们还在修建阳平关城的荷花池塘，栽培一些景观树木。据一位工匠说，阳平关对面的走马岭上就是通向五丁关的古道，只是在20世纪50年代土地改革时，岭上被划分成了农地，人们为了便于耕种，将许多古道石板都拆弃了。

虽然阳平关城是新建的，但当地人对于发生在阳平关的英雄事迹仍是如数家珍。这里是曹操、刘备、张鲁和马超等三国英雄争战的地方。

曹操北定中原后，发兵攻打盘踞汉中的张鲁，欲以汉中为桥头堡平定巴蜀。张鲁之弟张卫不愿投降，遂率兵高筑营垒踞守阳平关。曹军远道而来，粮草短缺，兵困马疲，与张卫几轮接战，均告失败，于是曹军拔营撤退。张军侦知曹军动向，放松了警惕。曹军趁机将一群野鹿驱赶进张军阵营，张军误以为曹军袭营，乱作一团。曹操当即令将士掩杀张军，将其击溃，占领了阳平关。

张鲁见大势已去，率部下逃入米仓山中。曹操胸怀宽广，佩服张鲁治理汉中的德政，派人招降了张鲁。之后，派遣夏侯渊和张郃镇守汉中。

公元219年，刘备率大军进击汉中，黄忠斩杀了夏侯渊，曹军军心涣散。曹操从长安率大军亲征刘备，进驻阳平关，屡次叫战，但刘备坚守不出。曹军求战不得，又频遭刘军袭扰。僵持两个月后，曹军的粮草供给陷入困境，只得弃守阳平关，撤回长安。同年秋，刘备在汉中称王。翌年春，曹操病逝于洛阳。

与刘军对峙期间，曹操进退两难，非常懊丧。为了排遣愁绪，他率几位臣僚到褒河游赏，见褒河水汹涌而下，撞石飞花，遂豪兴勃发，挥毫题写“衮雪”二字。众人疑问：“衮字缺水三点？”曹操拊掌大笑道：“一河流水，岂缺水乎！”以“一河流水”配偕“衮”字，这样的雄迈，奇绝千古。

阳平关，不仅是铁骨男儿的疆场，也是柔肠游子的殇城。随着时代的更替、时光的流逝，阳平关成了断壁残垣，但厚重的历史却让阳平关得到了永生。

如今，无论青云悠悠，抑或白雨沥沥，阳平关城都灰黑而立；无论鸡鸣犬吠，抑或鸦啼雀跃，阳平关城都静默以对。周围交错向远的路上，一声声汽笛此起彼伏。

2

从古阳平关去往宁强县城的路上，有蜀汉五虎上将马超的墓祠。

东汉末年，狼烟四起，群雄并立，马超的父亲马腾趁势拥兵割据陇右西凉。

曹操邀马超的父亲及他的两个兄弟到长安，许了高官。

○古阳平关

○阳平关城墙

后来，马超与曹操兵戈相向，曹操便杀了他的父亲和兄弟。马超与曹操某次交战时，其部下杀掉了他的妻子和三个子女，投降了曹操。马超率残兵投靠汉中张鲁，但两人频生龃龉，不欢而散。马超再率残兵附于刘备，才得重用。

因马超久居西北地区，深受当地羌族人的爱戴，刘备就令他率军镇守蜀汉的西部门户阳平关。数年中，马超保得汉中和巴蜀安然无事。由于家族中共有两百多人死于曹操之手，致使马超常年郁积于胸，四十七岁便病逝了。

马超死后，因到蜀汉腹地路途遥远崎岖，不便运送灵柩；他的生长地陇右西凉都是曹魏属地，也不能魂归故里，刘备只得下诏将其就地安葬。诸葛亮北伐驻军此地时，曾亲自到马超墓祭奠。

3

距马超墓不远的诸葛古镇，是近年新修建的以诸葛亮生平事迹为主题的景区，内有武侯祠等古建筑。

汉中物产丰殷，地理形势险要，是蜀汉抵御曹魏的前沿阵地。诸葛亮在生命的最后八年里，留守汉中。他演教兵阵，劝课农桑，北伐途中身死五丈原，蜀军遵照诸葛亮“因山为坟，冢足容棺，敛以时服，不须器物”的遗嘱将他安葬于此。墓冢前临滔滔汉江水，后倚巍巍定军山，高山流水，天地为知音。

诸葛亮德才兼备，深得民心。他死后，蜀汉民众请求建庙祭祀，但蜀汉后主刘禅却以有违祖制为由不允建庙。人们难抑对丞相的怀念之情，自行在墓冢前祭奠。二十九年后，朝廷下诏在墓旁修建祠堂。明代时，祠堂迁建到阳平关附近，坐南朝北，取“倚蜀汉北向伐魏”之意。人们对诸葛亮的祭祀从未间断过，代代承袭。到此怀古抒情者，不免以诗句纪念。

游诸葛武侯书台

［宋］陆游

沔阳道中草离离，卧龙往矣空遗祠。

当时典午称猾贼，气丧不敢当王师。

定军山前寒食路，至今人祠丞相墓。

松风想像梁甫吟，尚忆幡然答三顾。

出师一表千载无，远比管乐盖有余。

世上俗锦宁办此，高台当日读何书？

诸葛亮一生竭诚辅佐刘氏社稷，以匡扶汉室为己任。但令人无奈的是，上方谷的那场大雨，让兴复汉室终成泡影。青草黄土，丹心白骨，都成了峰岭下的一处遗恨：英雄犹自拨经纬，苍穹几度换风云。

○马超墓大门

○马超墓

○《空城计》中西城门

○诸葛亮抚琴像

○武侯墓大门

○武侯墓

第三章　古三泉县

1

阳平关镇擂鼓台村，是古三泉县所在地。古三泉县既是中国历史上唯一的京师直辖县，也是秦汉循白水关金牛道（过三泉县后经燕子砭西南渡嘉陵江，再经广坪金蝉寺村抵白水关）和唐宋循嘉陵江金牛道（过三泉县后经燕子砭折南，再沿嘉陵江东岸行达广元）的必经之地。

据传，唐玄宗李隆基入蜀行至三泉黑水时，混元帝（太上老君）显灵，以示吉兆。混元帝是周代先贤李耳，李唐皇室追认李耳为远祖。得到先祖的护佑，一路风尘仆仆的唐玄宗方感慰藉，遂令人在山崖上刻老君真容像，建造老君祠祭祀。

如今的擂鼓台村一带，金灿灿的油菜花每年绽放，吸引着许多游人前来观赏。在相同地方的不同景物前，今人留下了不同角度的影像，古人留下了不同情境的诗篇。

经三泉路作

[唐] 苏颋

三月松作花，春行日渐赊。

竹障山鸟路，藤蔓野人家。

透石飞梁下，寻云绝磴斜。

此中谁与乐，挥涕语年华。

上巳小饮追忆乾道中尝以是日病酒留三泉江月亭凄然有感

[宋] 陆游

零落残花一两枝，绿阴庭院燕差池。

隔墙笑语秋千散，惆怅三泉驿里时。

古时的三泉县是娴雅之人的游赏佳处，也是刀光剑影的争战之地。

五代十国时期，后唐出兵攻伐前蜀。后唐将领康延孝率军在三泉击败前蜀军。前蜀主王衍不甘失败，又派遣三万兵马奔赴三泉与后唐交战，再次大败而退。后唐在兴州（今陕西略阳）缴获四十万石辎重后，又在三泉得到三十万石粮草。有了丰厚的军备后，后唐一路势如破竹，直捣前蜀都城。

赵匡胤建立宋王朝后，将领王全斌受命率军攻打后蜀。两军在三泉交战，宋军获胜，斩杀后蜀数万兵马，又缴获三十余万石粮草。宋军连战连捷，兵临成都，后蜀主孟昶献玺归宋。

两次灭国的关键之战中，胜者一方都在三泉缴获了大批军用物资，可见三泉不仅是极其重要的战略要冲，也是重要的辎重储备之地。

今时今日，无论是落魄天子的行色，还是将士相杀的血色，都已消解在了泥沙里。蓝天白云下，嘉陵江依旧滚滚向前，火车和汽车的鸣笛声断续响起，回荡在一路绵延的村庄里。

○嘉陵江

2

龙门洞，分为头洞、二洞和三洞，所以又叫龙门三洞。其中，头洞景色最佳。二洞和三洞与头洞相距甚远，掩映在深谷茂林中。

唐天宝元年（742），人们在头洞建造观音阁，一层塑文殊菩萨、观音菩萨、送子观音和金童玉女；二层塑南海观音，并由吴道子绘殿壁画。

宋代时，此处亭台馆榭一应俱全。邻近是佛道合一的龙门寺。宋淳化五年（994），首任三泉县令辟观音阁为游宴之所。

明成化二十二年（1486），发生地震，龙门洞很多建筑和三泉县城都毁于一旦。

清光绪二十四年（1898）嘉陵江发洪水，仅存的观音像被冲毁。

龙门洞地处金牛道咽喉，东连汉勉，南通巴蜀，北据秦陇，因洞景奇绝，文人墨客喜会聚于此，游乐赋诗，抒情遣怀。

龙洞仙桃

[明] 谢恺

名山隐隐傍仙家，流水横桥白日斜。

深洞有龙恒作雨，碧桃无主自开花。

镶嵌于洞壁的名家题刻，更增添了龙门洞的风姿。可惜的是，民国初年，许多题刻被盗毁。观音阁和龙门寺是汉西、陇南和川北地区最大的佛教圣地，每逢庙会，来此朝拜许愿的善男信女络绎不绝。

1953年，观音阁和龙门寺被拆毁，木料石材等都被挪作别用。

2000年7月，经当地人多方努力，才重新修建了阁庙。现今，盛夏骄阳时节，阳平关镇的人们常来避暑戏水，只是再不复昔时盛况。

○**龙门洞**

○龙门洞前小溪

○观音阁

第四章　大安至黄坝

1

自秦惠王统辖巴蜀后，大安镇一带就成为金牛道上的重要集市所在。随着秦蜀两地官务、商旅、民事的往来发展，大安镇一带日趋繁华。因而，唐武德年间，朝廷引用五丁力士运送石牛在此歇脚的传说，设置金牛县。后世，虽然县治所几经迁址，名字也更为大安，但这一带一直是秦汉、唐宋、明清金牛道的必经之地。所以说，大安镇见证了金牛道上两千多年的历史风云。

近现代时，大安镇成为陕南第一个中共小组诞生地。它的发起者陈锦章，是一位坚定的无产阶级革命者。

陈家的故事得从陈锦章的父亲陈大训说起。陈大训幼年时，母亲就去世了，父亲另娶妻子，育有五个孩子。陈大训成年后，因后母从中作梗，没能分到应得的那份家产。后来，有个朱姓大户将独生女儿嫁给了陈大训。朱家老两口对女儿关怀备至，竭尽全力扶持女儿女婿。陈朱氏很要强，不愿丈夫被乡里小看，不仅鼓励丈夫读书，还置办了大量田产和房产，再将这些物产租赁出去，赚取租金。家里富裕起来后，乡人无不羡慕陈大训娶了个能干的媳妇。

陈大训大儿子陈锦章在上海美术专科学校和上海艺术大学学习。他受革命思想的洗礼，1925年加入中国共产党，并积极投身到五卅运动中。陈锦章在上海的时候，经常给家里写信，向父母介绍新社会、新思想，劝父亲戒烟，劝母亲放足。1926年，陈锦章大学毕业，受党组织派遣，回到家乡大安镇。他一边在大安高等小学任教，一边向学生宣传马列主义和革命思想，将胞弟陈文华和进步青年何蔚然发展为中共党员。经他的努力，1927年春，中共大安小组在秀峰寺正式成立。同年秋，陈锦章秘密建立了中共宁强支部。由于陈文华、何蔚然等骨干相继去汉中上学，致使中共大安小组解散。1928年，陈锦章在宁强被捕，后被营救出狱前往四川。

在陈锦章的影响下，陈大训渐渐接受了一些革命思想。

1929年西北大旱，陈大训将家中储粮用来赈济乡民。陈大训赞成儿子的新式婚姻，默许女儿及孙女放足。中共陕南特委常在陈锦章家开会办公，陈锦章的家人则在外面站岗传信。

陈锦章的画作深受时人喜爱，常有人慕名登门向他求画。遇到穷苦的人，他总会慷慨周济。

1935年，陈家11人参加了长征。长征途中，年迈的陈大训留在四川旺苍坝为红军家属管理菜地。他用在地里劳作时苍老的身影，送别了在队伍里行进的儿孙们。

然而，长征结束到达陕北的，只有陈锦章的妹妹陈真仁一人，陈锦章的两个女儿在长征途中失散，两个弟弟、两个弟媳、侄女和他本人都先后牺牲或失踪。这样的革命家庭是罕有的。因此，即使大安镇金牛驿村经历了翻天覆地的变化，陈家故居也依然被保存下来，以家族的革命精神照耀着新天地。

陈锦章曾教给大女儿陈亚民一首名为《春天的快乐》的歌，现在这首歌虽然很少有人唱起，但它被伟大的家族唱过后，就成了最美好的歌："春深如海，春山如黛，春水绿如苔。白云儿快飞开，让那红球现出来，变成一个光明的美丽的世界。风，小心一点吹，不要把花儿吹坏。现在桃花正开，李花也正开。园里园外，万紫千红一齐来。桃花红，红艳艳，多光彩！李花白，白皑皑，谁也不能采。蜂飞来，蝶飞来，来将花儿采，常常惹动人喜爱，那么更开怀！"

2

离金牛驿村不远的烈金坝道旁矗立着一棵大桂树。据说，这棵桂树是刘邦领兵行经此地时亲手栽植。桂树原有九股分支，分别象征着华夏九州。人们把桂树奉若神灵，在树栏前围炉拜香。

桂树旁的禹王宫，是当地百姓为纪念大禹治水的功绩所建。每逢农历二月初二，来禹王宫上香祭祀的百姓络绎不绝。原来的禹王宫飞檐斗角，气势恢宏，但20世纪修建阳安铁路时已毁。

○禹王宫

3

从禹王宫遗址沿汉王沟盘桓北上，溪流时而奔湍轰鸣，时而潺湲细吟。沿溪上行，即到嶓冢山，这是上古大禹治水之地。在崖壁上，有一字迹不全的残缺石刻，现余“嶓冢导漾，东流为汉”八字，传说为大禹手书。

相传，刘邦率军在嶓冢山驻扎，渴饮溪水，饥食山果，后世遂改称嶓冢山为汉王山。山上草木馥郁滴翠，如晶似玉的溪水在老石苍苔间奔流，山鸟在丛枝里或飞或立，啾啾不绝。

随石阶上行到尽头，石牛洞赫然乍现。据说，古时五丁力士运石牛返蜀，在此休息时，一头石牛受到神仙点化，夺路而逃，五丁力士紧追不舍。慌不择路的石牛钻进了山洞。可是石牛体格壮硕，屁股卡在了洞口。五丁力士拽不出石牛，石牛也钻不进洞里。

从此，这石牛洞的点滴泉水，这嶓冢山喷薄的涌流，一路穿山泻谷，汇聚成了滋养陕南土地的浩渺汉江。

○大鱼洞

○大鱼洞风景

○大鱼洞入口

○大安镇

○秀峰寺

4

大禹洞，又名大鱼洞，位于大安镇大鱼洞村。相传，大禹治水时，有孽龙为祸。大禹提剑屠龙，孽龙奔逃至此，躲进山洞中。大禹向洞中刺了几剑，孽龙中剑而亡。山洞底部也被大禹的剑刺穿，形成一条暗河，河水日夜奔流，世代不竭。山洞外的溪水时而滚滚雷响，时而潺潺呜咽。大小不一的山石千姿百态，随水摇摆的草棘，随意绽放的几丛野花，虽无大美之景，但也别具风格。

5

从烈金坝村出发，循明清金牛道前行。明清金牛道沿途多得名于“石牛屙金”的传说。距烈金坝村不远处有个叫石窝金的村子，得名于“石屙金”的谐音。一路前行，就是宽川铺金牛峡，五丁力士运送石牛由此入峡。峡谷草木葱郁，崖壁如刀劈斧削，山溪时鸣时咽。沿山路盘桓而上，到五丁关村。村子所在地，即古代五丁关要塞。五丁关地势险要，狭径逼仄，巉岩盘踞，是金牛道上历代兵家必争

○金牛道上的金牛塑像

○禹王宫门口的古桂树

○**五丁关**

○五丁开关石刻

○牢固关隧道

之地。山上原有五丁庙和一通“五丁开关处”石碑，现在都已不复存在。

从宽川铺金牛峡到宁强段的金牛道都是崖壁栈道，但历经风雨侵蚀和近代多次开山修路，遗迹大多已损毁，零星残存的栈孔被草丛林木遮蔽，再难寻踪。

6

牢固关，位于宁强汉水源森林公园，是金牛道上一颗明珠。关前四季风光精彩纷呈，三春山花烂漫，炎夏浓荫凝碧，深秋红叶流丹，寒冬雪开琼枝。峡谷曲折，峰峦回旋，溪水抱流。古人行经牢固关，不免以情赋景，因景抒情。

牢　固　关

［清］张问陶

京洛衣尘减，临风一惘然。

雄关轻百二，归路易三千。

回首迷秦凤，低眉听蜀鹃。

家山应不远，叱驭白云边。

○牢固关川陕公路遗迹

○从牢固关眺望黄坝驿

○石牛洞

○**古汉源**

○林间小溪

相传，闯王李自成起义失败后，他的女儿流落宁强，在牢固关四坪里落发为尼，死后即葬于此。

清代嘉庆年间，清军在牢固关和黄坝驿一带大战白莲教首领王聪儿率领的起义军。最终，起义军溃败，逃至广元朝天。如今的牢固关上仍有民国时期的川陕公路遗迹，只是都掩藏在荒僻处，无人问津了。

走过牢固关和黄坝驿，就到了川陕交界处。宁强境内金牛道的最后两处遗址是蜀门和七盘关，一处是敞开的石门，一处是屡迁的关隘。

第五章　蜀门

早晨，我从黄坝驿出发，沿着盘山路行走。这一路上有几个村庄，村里的人或聚在一处吃饭聊天，或做着农活。晒太阳的老人们对于蜀门还有些记忆，说那是古代的一道关卡，有人守卫检查，现在只是一处荒山了。经几个在地里锄草的老人指引，我穿过一段陡峭又被蜘蛛网与草蔓缠绕的荒路，下行到关沟村，又向村里人打听路径。经过七盘关纪念碑时，我没注意到旁边通往蜀门的水泥台阶，只是一个劲儿向前走。在川陕交界处，遇到了王老伯，向他打听蜀门时，才知自己走过头了。当时，我已行走了4个小时，饥渴难耐，想向王老伯买几个馒头，他却热情地邀我进屋吃饭。吃完饭后，我向王老伯和他老伴鞠躬道谢，再三恳请他们收下了谢金。王老伯担心我又走错路，说要带我去蜀门，我不忍再给他添麻烦，婉拒了他的好意，独自往回走，果然又找不到地方了。正踟蹰间，王老伯扛着锄头、拿着镰刀赶到了。他笑呵呵地说他是来割草的，但我知道他是特意来给我带路的。在蜀门台阶前，我向王老伯深深地鞠了三躬。

这荒僻的蜀门，曾经是古代几个王朝的一条经济要道。“陇上千山汉节回，扫除民蜮不为灾。蜀茶总入诸蕃市，胡马常从万里来。”宋黄庭坚的这首诗写了陇西（今甘肃和宁夏地区）与巴蜀进行茶马互易的情景。陇西草地广袤，适于养殖马匹；巴蜀土沃天润，适合种植茶叶等农作物，还盛产珍贵的动物皮毛，南北两地从金牛道互通有无。

相传，茶叶的食用，源自华夏农业之祖神农氏。神农氏尝百草时，有次支釜煮水，正好有几片树叶飘落进沸水里，汤汁变得黄亮清香，神农氏一尝顿觉神清气爽。自此，神农氏就将其命名为茶，将茶叶当作草药来用。

巴蜀人种茶食茶已有五千多年历史。早在周代时，巴蜀人就将茶叶当作贡品进献给周王室享用。及至秦惠王统辖巴蜀后，蜀茶便源源不断地运往秦国和中原地区。汉代，蜀人司马相如和扬雄因辞赋闻名遐迩，他们喜饮蜀茶的癖好也使众多拥趸追慕。因此，蜀茶在长安获得了热捧，汉代成为茶文化发展的一个重要时代。

到了唐代，蜀茶更是通过金牛道走进了北域人民的生活。巴蜀清香的茶花一朵朵绽放，陇西矫健的骏马一匹匹奋蹄。

“自从贵主和亲后，一半胡风似汉家。”唐代陈陶《陇西行》中的这两句诗，自豪地颂扬了文成公主与吐蕃赞普松赞干布和亲后，吐蕃学习汉人风俗的事。而饮茶更是西北少数民族钟爱的风尚。唐王朝在今青海和甘肃等西北地区设立了茶马交易市场。

两宋二百余年间，茶马互市都是朝廷的基本国策之一。尤其在南宋，每年大量的蜀茶通过金牛道运至陕西，再转运到陇西，换回一万余匹的骏马。

元朝时期，因蒙古统治者不热衷饮茶，茶马贸易有所停滞。再到明朝时，茶马贸易又焕发新生，成为朝廷增收强军的重要支柱。

巴蜀茶文化也极大地促进了陕南茶文化的发展。陕南的茶树种植业蔚为大观，种茶、采茶、炒茶、卖茶，是当时大多数陕南人的日常劳作内容。为了确保蜀茶运输畅通，明朝廷又增设驿站，加筑道路。清代，朝廷向陕南茶农征收沉重的赋税，致使茶农不得不另谋生计。又因其他茶叶产区的兴起，巴蜀与陇西的茶马贸易大不如前。

随着时代的发展，茶马贸易的衰落，金牛道渐渐地失去了往昔的喧闹。如今，蜀门依然敞开着，只是许久没有人守卫了。坚硬的石阶被无数次风剥雨蚀，许许多多的人足痕、马蹄印和车辙迹都成了尘粒，轻轻一拨，哗啦啦响。

即使今日，鲜有人迹的蜀门，也自有芳境：一山薄土花犹艳，半崖瘦石草亦菁。不论何时，虽无大美的蜀门，都自有幽情：不羡琼枝与嘉木，春秋含笑待君逢。

○蜀门

○蜀门之花

○王老伯

第六章　七盘关

七盘关纪念碑矗立在蜀门遗址的崖下，这里也属于七盘关村范围。据当地人说，因为从山下到山顶的山道有七次盘绕，故而称为七盘关；又因路况如棋盘交错，也称棋盘关或五盘岭。七盘关村的人说七盘关属于陕西，而与之相邻的广元黎明村的人说七盘关属于四川，只有黎明村的七盘关是正宗的。

据史料记载，七盘关始建于汉初，扼西秦入蜀之咽喉，是历代兵家重地。因地处川陕交界，所以七盘关也被称为西秦第一关。

七盘关地势险要，山高风劲，特别到了寒冬之时，山上更是冰雪封冻，令守关兵将难以支撑。为此，唐代初年，朝廷将关址从鸡头岭迁至七盘岭，后又迁到岭下，并建造关楼、关亭和马厩等。清代乾隆年间，官兵在关卡垒石为墙，修造了房廊和炮台，又在山垭口砌筑石门。

1936年，川陕公路修建到七盘岭时，因山势险峻，极难施工，工程队只得绕过山岭，在山腰另辟蹊径，修成了蜿蜒盘旋的七盘关段公路。随着川陕公路的兴建，这处险要关隘便失去了它的战略地位。七盘关楼也日渐坍塌，湮没在荒尘中。然而，在通往七盘关遗迹的逶迤山道中，如果不怕路途艰辛，亦可领略一番芳情幽境。

○七盘关

○七盘关遗址

○由蜀门眺望黎明村七盘关

○七盘关隧道

第七章　筹笔驿

小峨眉山公园是朝天人休闲锻炼之地。沿着小道上行，有些人会热心地与我聊几句：诸葛亮曾在这里驻军，是他们引以为豪的历史事迹；镇上的几条街，就是以筹笔、军师命名的。在朝天镇，不需翻阅三国历史书籍，任意一个路人，都是三国历史的传说者。

诸葛亮之所以选择在筹笔驿驻军，是因为他在此开辟了金牛道至嘉陵江段便捷的路线：沿嘉陵江南下经朝天岭达广元；沿嘉陵江北上可达略阳、凤县、大散关；从略阳和凤县走水路可达甘肃祁山。这些便捷的军事交通形势不仅利于蜀汉快速北上进军，又方便南下据关防守，因而筹笔驿占尽了军事地理优势。

从辅佐刘备建立蜀汉，到驻军筹笔驿呈奏《后出师表》，到五丈原含恨而终，最终定军山下葬厚土，诸葛亮真正做到了“鞠躬尽瘁，死而后已”。正因如此，唐文宗时期，朝廷重修金牛道，在此建置驿站。因追慕先贤，将驿站命名为筹笔驿。宋代时，当地人又因唐玄宗曾在这里受官民朝拜，又将筹笔驿更名为朝天驿。

自从筹笔驿设立，这里就成了许多文人墨客题诗抒怀的圣地，他们或颂扬诸葛亮忠贤遗风，或借古事舒解自己胸中块垒。驿站临嘉陵江和潜溪河，建有供旅者登高休憩的怀古亭和鸣玉亭，还有武侯祠堂。这些建筑物如今虽然都踪迹全无了，但仍可以在古人的诗作中重返其处。

雨中登筹笔驿后怀古亭

[宋] 张方平

山寒雨急晓冥冥，更蹑苍崖上驿亭。

深秀林峦都不见，白云堆里乱峰青。

鸣玉亭筹笔之南

[宋] 文同

层崖高百尺，亭即层崖下。

飞泉若环佩，万缕当檐泻。

坐可脱赤热，听宜彻清夜。

亭前树肤剥，为系行人马。

题筹笔驿武侯祠

［宋］孙应时

北出当年此运筹，悠然献卧与神谋。

三军节制驯貔虎，千里糇粮捷马牛。

汉业兴亡惟我在，蜀山重复遣人愁。

驿前风景应如旧，江水无情日夜流。

从这些不因时间流逝而苍老褪色的诗句中，我们可以重绘那时的景物，填涂曾经的颜色。或许是出于对诸葛亮的怀念，人们更愿意称此地为筹笔驿，而非朝天驿。

如今，小峨眉山公园青翠满眼，筹笔亭矗立其间。筹笔亭遥望沧桑巨变的清风峡和明月峡，其下是奔流不息的潜溪河与嘉陵江。在这山峡与江河的记忆中，筹笔驿被一代代文人墨客题咏着，诸葛亮被一代代羁旅游人怀念着，金牛道的光辉也因斯亭永不消散。

○小峨眉山公园

○筹笔亭

第八章　龙门阁

从小峨眉山公园下来后，我乘出租车到了龙门村一带的龙门阁遗址。据向导说，他以前经常和朋友在龙门洞中钓鱼戏水。他还记得在庙宇旁有条可以直接下通到龙门洞中的捷径，只可惜他领着我在又高又密的荒草丛间寻觅了许久，都没能找到。我们全身都被露水浸透了，还遇到不断粘上身的蜘蛛网。我半趴在庙后一棵大树上拍摄潜溪河时，由于树干光滑，鞋底又有湿泥，差点掉下了悬崖，惊出一身冷汗，直到回到庙前平地，双腿还在哆嗦。现在龙门洞口是当地人的梯田，平时极少有人踏足。但也常有行人在国道上远远地拍一张龙门洞的照片，惊奇又得意。

这里有修建于三国蜀汉时期的栈阁，是金牛道上极为险要的栈阁之一。潜溪河流经龙门洞后，又过朝天镇，汇入嘉陵江。唐代杜甫在这里用诗留下了他的恐惧，南宋陆游在这里用诗留下了他的失意。

龙 门 阁

［唐］杜甫

清江下龙门，绝壁无尺土。

长风驾高浪，浩浩自太古。

危途中萦盘，仰望垂线缕。

滑石欹谁凿，浮梁袅相拄。

目眩陨杂花，头风吹过雨。

百年不敢料，一坠那得取。

饱闻经瞿塘，足见度大庾。

终身历艰险，恐惧从此数。

风雨中过龙洞阁

［宋］陆游

飘然醉袖怒人扶，个里何曾有畏涂。

卷地黑风吹惨澹，半天朱阁插虚无。

阑边归鹤如争捷，云表飞仙定可呼。

莫怪衰翁心胆壮，此身元是一枯株。

古栈道遗迹虽已深藏在丛草密林中，但古人的诗句仍时时展露着它的峥嵘。耸天临渊的栈阁，谁行到此不望而生畏？但不得不走的路总得要走，不得不履的险总得要履。因此，人们为了祈求康途，在龙门阁前修造庙宇，踏上云栈前祈求神佛的护佑，行完云栈后叩谢神佛的护佑。在不得不行经龙门阁的时代里，有太多太多的奔途者在这庙中法相前得到慰勉。

○龙门阁

○龙门阁庙宇

○潜溪河

○龙洞背

第九章　明月峡

从龙门阁返回朝天镇后，向导说他前些年在明月峡做过导游，2008年汶川地震时，明月峡一带山石崩落，多处栈道被砸毁了，后来当地政府又重新修复了栈道。原来江中有一块巨石，会在夜晚散发出莹莹光辉，就像月亮一样，所以被称为明月石。可惜的是，明月石也被震陷到了江底，再也看不到了。与向导闲聊了一会儿，我就和他道别了，向明月峡走去，观览着沿途山川。

秦巴山脉自北而南延伸到川北后，山体横亘，峻岭相连，奇峰突起，嘉陵江水奔流其间，将广元与巴蜀连成一脉。明月峡就是这一脉上的要塞。

当地人传说，诸葛亮北伐曹魏时，身边伴有两名侍童，书童叫明月，琴童叫清风，诸葛亮待二人如亲子。后来，诸葛亮病逝五丈原，北伐失败，二人为表对蜀汉的忠心，同沉江中，以身殉国。人们为纪念他们二人的忠肝义胆，便将相对邻近的峡谷分别命名为明月峡和清风峡。

安史之乱时，唐玄宗入蜀，当地官民在此迎拜天子銮驾。此后，人们就称这一带为朝天岭，称明月峡为朝天峡。

先民在明月峡行走的山间小道，演变为先秦栈道，后又出现了秦汉时期的嘉陵江漕运。至唐代，漕运逐渐兴盛。到了宋末，漕运迅速发展，沿途栈道逐渐被弃用毁坏。盖因漕运的发展，逆水行船的纤夫道也沿嘉陵江岸而形成。

关于嘉陵江纤夫道，有一段历史佳话。唐代，利州刺史崔朴邀请众多宾客泛舟嘉陵江，游览山川风光。游船顺江而下，直到昭化桔柏渡。品尝了美味佳肴后，众人心满意足，准备返航。可是，逆水行船缺少纤夫，崔朴令县官何易于征调当地民夫拉纤。何易于当即挽起袍服，拉起纤绳逆水而行。崔朴发现何易于在江岸拉纤，惊奇地问："你为何要亲自拉纤？"何易于说："现在正是春耕时节，农民不是在犁田插秧，就是在采桑养蚕，不可强占农民的时间。相比而言，我没有急事要做，又是你的下属，正好可以充作差役。"崔朴等人羞愧不已，纷纷下船，骑马回利州去了。

“县官挽纤”被后世代代相颂，何易于也成为彪炳千古的清正好官。

明月峡自先秦至清朝中期，都是重要的战略要道。清乾隆年间，戏曲作家杨潮观曾作诗咏叹明月峡的军事地位。

题明月峡

［清］杨潮观

自古襟喉隘，朝天势更回。

闻铃仍带雨，筹笔欲生花。

云暗疑无栈，江深别有槎。

不因天设险，何以控三巴。

秦惠王灭巴、蜀后，为了加强对巴、蜀的控制，封子为蜀侯，又调遣万余户秦民经明月峡到蜀地落户，以充实蜀地人丁，分化蜀地顽抗势力。秦始皇统一六国后，赵国卓氏等流民被迁走，很多流民因惧路途遥远，而停驻在昭化一带。卓氏独具慧眼，经明月峡入蜀，后来以冶铁为生，最后成为蜀地富贾。

北宋初年，宋军在王全斌的率领下讨伐后蜀，进击成都。宋军一路连战连胜，后蜀军疲于奔命。形势急迫下，后蜀军毁断了明月峡至石柜阁间的栈道，以阻断宋军进攻的步伐。

南宋时，宋孝宗为光复河山，大力整饬军备，制定了从今四川、江苏和安徽一带同时出兵，合力攻打金国的战略。为此，宋孝宗先后任用虞允文和王炎等主战派为四川宣抚使，主持四川军政事务。

为方便行军，历任宣抚使大力修治从利州到汉中的驿道，并设桥阁官一职，专门负责驿道的建设维修事宜。桥阁官刘君用也因成功主持修建明月峡和清风峡一带的栈道而青史留名。

明月峡栈道经元代修整后，又历明代人行运，到清初时栈道终被废弃。

民国时期，修筑川陕公路，途经明月峡绝壁时，筑路队用开山机开凿成4~5.5米宽、长约864米的隧道，形成了“老虎嘴”路形。

1949年后修建的宝成铁路取代了川陕公路。

时代在向前发展，明月峡也随之发生巨变。

人类交通的进程浓缩在明月峡。明月峡的文明，尽在这六条路。这六条路历经时代巨变后，到现在终于名副其实，清风与明月，无边的宁静。

○明月峡

○明月峡栈道

○明月峡栈道外观

○拉纤石刻

○栈孔

○秦岭山系与巴蜀山系分界处

第十章　千佛崖

千佛崖一带山势壁立陡峭，高险难行，犹如狭窄的石柜，所以这一带栈道又被称为石柜阁，是金牛道上著名的险栈，令失意困苦的杜甫以诗浩叹。

石　柜　阁

［唐］杜甫

季冬日已长，山晚半天赤。

蜀道多早花，江间饶奇石。

石柜曾波上，临虚荡高壁。

清晖回群鸥，暝色带远客。

羁栖负幽意，感叹向绝迹。

信甘孱懦婴，不独冻馁迫。

优游谢康乐，放浪陶彭泽。

吾衰未自安，谢尔性所适。

从朝天镇到千佛崖这一日，湛蓝的天空下，嘉陵江平静得如一面镜子，映照着飘云和游人。一些老者肃穆地在佛前作揖，还教导后辈们多向佛祖菩萨上香叩拜。整个崖壁都被安置了铁梯和铁护栏，供游人登览高处，近观佛像。游人既啧啧赞叹，又为被毁损的佛像惋惜。

广元地处四川、陕西和甘肃接合带，因而被称为“川北门户，巴蜀咽喉”。在南北朝时期，广元先后隶属宋、齐、梁和北魏，民风淳朴，不尚浮华奢靡。城南百姓纯带巴音，城北百姓杂以秦语。广元成为南北佛教文化交汇的前沿。

千佛崖造像始于北魏，兴盛于唐代，后世各朝也有少量开凿，历经1500余年，共有17000余尊雕像。1936年修建川陕公路时，炸毁了10000余尊，现在仅存7000余尊，龛窟1192个，各代题刻118条。

不同时代开凿的龛窟，其风格也各有特色。

千佛崖最早的造像是开凿于北魏时期的大佛窟和三圣堂。北魏贵族多属鲜卑族，着窄衣紧袖，这时期的造像也呈现与鲜卑族形象近似的风格，身肢颀长，长颈削肩，骨气精悍。

公元508年，北魏朝廷在广元置西益州，将军傅竖眼和宗室元法僧先后担任西益州刺史，在崖壁上开窟造像，营建了柏堂寺。这也是千佛崖第一座寺院。

唐代时，人们推崇华美英武的形象，所以造像衣饰缀满珠宝瓔珞，或壮硕威猛，或气韵雍容。

开凿于武则天时期的莲花洞，便是唐代佛窟风格的代表。窟内以武则天真容为蓝本的弥勒佛居中，释迦牟尼佛和阿弥陀佛分立两侧。其实，依佛教果位，居中的应该是释迦牟尼佛，而莲花洞内却非如此，这是因为在武则天谋划称帝时，以薛怀义为首的支持者曲解《大云经》，鼓吹武则天是弥勒佛转世，为武则天登基营造舆论。于是，武则天降旨全国，令各州郡建造大云寺，由高僧讲授《大云经》。广元官员为献媚于上，将柏堂寺更名为大云寺，开凿了莲花洞。

在千佛崖中，还有两个著名的龛窟，一个是韦抗窟，一个是苏颋窟。唐开元三年（715），韦抗任益州长史，他路过千佛崖时，为百姓祈福，捐资开窟造像，又修筑驿道，以做功德。韦抗为官清廉自守，一生都不私治产业，以致他去世后，家人无钱治丧。后来，苏颋出任益州长史，效法前贤捐资开窟。

这一处金牛道，有许许多多的人行走，有人匆匆而过，也有人以诗礼佛。

题千佛崖

[元] 葛溎

绝壁悬崖阁道连，惶惶全蜀几更年。

三千佛诵华严偈，五色云开宝座莲。

剑石野僧镌梵像，嘉陵江月印心禅。

不须更种菩提树，享灭无生了万缘。

清道光年间，四川总督宝兴途经千佛崖，见唐代造像彩绘已经剥落，遂捐资修缮补色，使龛窟焕然一新。

千佛崖，一处熙攘山道上的心灵栖息地。只因人们为了享有福缘，在峭壁上凿石、开窟、造像，世代大小愿望凝聚龛窟，香火缭绕。高官显贵，贩夫走卒，顶礼于庄严宝相前，求福于红绿尘缘中，祈盼于身死寂灭后。慈怀佛祖、善目菩萨，静观着千姿百态的世人，聆听着五味杂陈的因果，静候着风尘仆仆的过客，默送着虔心切切的信徒。

一段被时代湮没的金牛道，演绎了过去的碌碌尘寰；一方被日月朗照的千佛崖，释解了过去的斑斑心色。

○北魏大佛窟

○唐多宝佛窟

○唐多宝佛窟持莲观音

○唐神龙佛窟

○唐大云洞

○唐莲花洞

○唐韦抗窟

○唐苏颋窟

○清藏佛洞

○金牛道的石头路面

第十一章　白水关

在沙州镇下车后，我向码头走去，岸边停泊着几艘轮船。码头对岸的白水关现在有两个村落，村民们常搭乘轮船到沙州镇赶集。如果游客到此，也可租用。得地利之便，这里的人们多食鱼，更喜欢垂钓，很多人家院中都有鱼缸、鱼池。

今日一派祥和的白水关，在古代却是刀光剑影的战场。因为它北通秦陇，南连葭萌，扼金牛道、阴平道、左担道之咽喉，被誉为关头，是秦汉时期从陇右和汉中入蜀的必经之地。

秦国司马错伐蜀时，曾行经白水关地区进葭萌，与蜀军激战。

东汉光武帝年间，割据巴蜀的公孙述令将军侯丹开白水关，直攻汉中南郑。几年后，光武帝又命隗嚣从天水出兵伐蜀，隗嚣却以“白水险阻，剑阁败坏”为由拖延时间。

东汉末年，益州牧刘璋为了固守蜀地，派遣杨怀和高沛率军驻防白水关，抵御盘踞汉中称王的张鲁。后来，刘璋邀刘备在涪县会师，驻守葭萌，督军白水关。刘备依军师庞统之计，佯称要返回荆州平乱，在白水关向杨怀和高沛辞行时，袭杀二将，收编了他们的兵马，又趁势进军，一路破关斩将，进驻成都。

南北朝时期，刘宋、南梁、北魏、西魏、北周，这些割据政权都曾在白水关一带激战。清康熙年间，朝廷下令削藩，吴三桂麾下将领吴之茂率军盘踞白水关顽抗，宁夏提督赵良栋率领五千精兵从宁强行进，击溃叛军，占领了白水关城。

由于南北朝时期经葭萌溯嘉陵江到利州和朝天、至阳安关（今陕西宁强擂鼓台村）达汉中路线的开辟，白水关逐渐失去了军事要塞的地位，但它仍是重要的商旅漕运之地。

20世纪90年代中叶，考古队在白水关一带发掘出了大量文物和历史遗迹。在这次保护性发掘之后，白水关地区成为一处旅游景点，称为白龙湖。

古往今来，熊熊烽火在史书中燃烧，缕缕炊烟在邻里间升腾。远处，青萍波渺渺，白鸟岭森森，这是一派宁静的江村；身边，炊香縌庭树，池鱼宿暮云，这是一派温馨的江村。江村之夜，露清多月影，倾宵作潮声。

第十二章　古昭化

1

现在的昭化城是一座饕餮之城，糕点铺的清香和炖菜铺的浓香，一缕缕飘绕在街上，逗弄得游人垂涎。店铺老板的吆喝声，食客的欢笑声，交织在一起，热闹而又祥和。可是，在离这些祥和之声甚远的古代，昭化城是一座兵家必争之城，有着太多太多的刀剑厮杀声。

秦国灭蜀时，最大的一场战斗即在此地展开。秦军攻下葭萌关后，蜀国就失去了一道重要防线。蜀国灭亡，秦国在葭萌一带设县，这也是巴蜀第一座县城。三国蜀汉时，此地改名为汉寿，寓意蜀汉统治与日月同寿。北宋王全斌伐后蜀时纵兵烧杀劫掠，让蜀地百姓深受其害，赵匡胤下旨将汉寿更名为昭化，寓意昭示帝德、化育民心，从此沿用至今。

昭化城东邻桔柏渡，西接天雄关，南达梅岭关，北傍白水关，金牛道贯穿城西门葭萌关而过，素有“虽弹丸之地，有金汤之固”和“全蜀咽喉，川北锁钥”的兵家美誉。

昭化城原是土筑而成，在明正德年间，官府重建城池，以石包筑，城中巷道以石板随坡就势如扣瓦状铺成。这种中间高两边低的巷道，有利于守军巷战时占据制高点；丁字形巷道的设计，使侵入城中的敌军难辨方位。巷道宽度与城门洞宽度相同，利于战车辎重驰援各方战场。

刘备在进攻成都前，在葭萌关整顿军务。诸葛亮北伐时，这里亦是后勤要地。费祎任职蜀汉丞相时，一为远离宦官祸乱，二为及时处理军务，便在昭化开府，运筹军政要事。此时，昭化成为蜀汉的第二都城。可惜的是，费祎误收曹魏降将郭循，在一次酒宴上，费祎被郭循刺死。费祎死后，朝廷将他葬于昭化城外。

昭化不仅是血雨腥风的战场，也是人文渊薮之城。文庙、考棚和书院，都是古昭化人重视文教的体现，官方和民间对于文化的推崇，共同造就了富有历史文化价值的昭化古城。

2

桔柏渡，紧邻昭化城，古时渡口生长着许多柏树，绿荫森森。人们认为柏树有吉兆，可以屏截江风，护佑生民，所以就叫此地为吉柏渡。后来，因乡音习惯，改叫成了桔柏渡。桔柏渡的古柏历经千年风雨摧折，依然郁郁葱葱，直到20世纪的“大炼钢铁”时期，被人们悉数砍伐，投于锅炉之中。在无数次刀光剑影的战火中挺立的古柏，最终成了一堆柴火。

古时，在桔柏渡来往的旅者，也都会把他们的心事寄附于宽阔的渡口和苍茫的江浪中。

桔柏渡

［唐］杜甫

青冥寒江渡，驾竹为长桥。

竿湿烟漠漠，江永风萧萧。

连笮动袅娜，征衣飒飘飖。

急流鸨鷁散，绝岸鼋鼍骄。

西辕自兹异，东逝不可要。

高通荆门路，阔会沧海潮。

孤光隐顾眄，游子怅寂寥。

无以洗心胸，前登但山椒。

在桔柏渡，有一个当地人津津乐道的神话故事。古时候，桔柏江中有两条大鱼作恶，时常会顶翻来往船舶，许多人因此命丧江中，人们束手无策。直到有一天，有一位自称葛仙翁的白发老道请艄公渡他过江。艄公向老道说江中有大鱼作怪，会船覆人亡，请老道另走别处。老道拈须微笑，执意要渡江，又吩咐侍从取出一张灵符交予艄公，让他佩戴在身上。艄公满腹疑虑，还是答应了老道。当船行到江中时，忽然狂风大作，白浪翻滚，船舶颠荡，眼看就要倾覆，艄公按老道的吩咐，赶忙将灵符投入江中。不一会儿，江上便风平浪静了。第二天，人们在昭化城西门外的龙爪湾上发现了两条大鱼的尸体。从此，桔柏江再无妖孽作祟，来往的船只行旅都平安无灾。

大鱼作恶，虽然只是流传在桔柏渡的一个故事，但桔柏渡也确实是险况频发。

桔柏渡江面架有浮梁，但浮梁不仅频遭天灾，也屡遇人祸。每到夏季，江水暴涨，就会冲断浮梁。每逢战事，浮梁又会被守军焚毁，以致百姓只得乘船渡江，可是桔柏江多激流暗涌，船覆人亡的惨事时有发生。

东汉末年，出于军事需要，朝廷将县治所迁址到桔柏渡南岸，派专人驻守在渡口，并负责来往船只行渡事宜。渡口建有传递文书信件的驿站。

相传，三国时期钟会率二十万魏军伐蜀至葭萌关。葭萌关守将是关索，他和姜维共同抗敌，率领五万蜀军在桔柏渡抵抗钟会的主力，但终因寡不敌众，蜀军大败。关索在与魏军激战时落水而死，其妻鲍三娘在土基坝阵亡。

唐玄宗在此乘船渡江时，一路上有两条大鱼分别游跃在船两侧，臣僚为讨皇帝欢心，就牵强附会地说是龙追随着唐玄宗，预示着唐军很快就会平定逆贼，还都长安。唐玄宗闻言大喜，就在东岸连摆三日大宴，庆贺吉兆，答谢助他西巡的官员和侍卫。因此，当地人就将此地命名为摆宴坝。

五代十国时期，后唐庄宗派兵伐前蜀。后唐军主帅李继岌率军开赴桔柏渡，前蜀军拆毁了浮桥，后唐军一时进退不得。这时后唐军大将李绍琛令兵士搭建浮桥，后唐军才得以渡过桔柏江，一路势如破竹，很快就兵临前蜀都城。蜀主王衍率群臣出城投降。然而，世事难料，后来李绍琛叛乱，又烧毁了桔柏渡的浮桥。

清嘉庆年间，有叛军作乱，参赞杨楞泰率领四万兵卒在桔柏渡抢搭浮桥，驻守两天后，顺江而下与叛军交战，大获全胜。时隔不久，有一帮盗匪在桔柏渡地区为祸，当地人吴友带领民兵积极防御，协助官兵英勇作战，盗匪被悉数剿灭，吴友被朝廷赐予“六品顶戴”。

桔柏渡多战火，屡遭毁坏，由于地处要津，是货物贸易的集散地，又一次次浴火重生，一旦有破坏，必然重建。产自巴蜀地的木料、药材、山珍野味、烟酒、火纸、金银、丝绸、布匹、食盐等货物都需经船运至渡口集散，再运到北域贸易，或进贡给朝廷。

古桔柏渡，白天江上百舸争流，船工号子声东呼西应；夜晚，岸边帆桨收拢，铺肆喧哗声南腔北调；黎明，栈外

○桔柏渡

○战胜坝

曙色渐染，催程鸡啼声此起彼伏。又一天，日流东西水；又一夜，月映南北家；又一程，千里一生涯。

行走在今天的桔柏渡码头，偶尔有昭化城的人到摆宴坝，偶尔有摆宴坝的人到昭化城，一艘轮船，一位摆渡人，几拨渡江客。

第十三章　剑门关

1

剑门细雨，是剑门关自古以来就闻名遐迩的景致。青山雨雾，迷蒙之境，不知令多少古人裁句吟咏过。在这些诗篇中，有一首更为后世传颂。

剑门道中遇微雨

［宋］陆游

衣上征尘杂酒痕，远游无处不销魂。

此身合是诗人未？细雨骑驴入剑门。

我到剑门关那天，从清晨就开始淋雨，一天下来，衣裤鞋子都湿透了，双脚也被泡得又肿又冷，行走金牛峡栈道时，还差点滑下悬崖，丝毫没有感受到剑门细雨的浪漫。但是，剑门关的雄壮与奇险，却使我难抑惊叹。

剑门关，不仅是历史上有名的军事险关，也是令人瞩目的文化锁钥。

剑　门

［唐］杜甫

唯天有设险，剑门天下壮。

连山抱西南，石角皆北向。

两崖崇墉倚，刻画城郭状。

一夫怒临关，百万未可傍。

珠玉走中原，岷峨气凄怆。

三皇五帝前，鸡犬各相放。

后王尚柔远，职贡道已丧。

至今英雄人，高视见霸王。

并吞与割据，极力不相让。

吾将罪真宰，意欲铲叠嶂！

恐此复偶然，临风默惆怅。

相传，由于剑门关险峻阻塞，在三皇五帝时代，巴蜀人极少与外族来往，过着封闭自给的生活。到了夏商周三代，中原王朝威势赫赫，巴蜀人走出剑门关，将丰盈物产进贡给中原君王。巴蜀使者所走的山道即是杜甫诗中所说的“职贡道”。

峥嵘的剑山，崔嵬的关楼，是巴蜀民众仰赖坚守的门户。剑门关不破，巴蜀就可独立成国；剑门关失守，巴蜀就成为中原王朝的疆土。

岩岩梁山，积石峨峨。远属荆衡，近缀岷嶓。南通邛僰，北达褒斜。狭过彭碣，高逾嵩华。

惟蜀之门，作固作镇。是曰剑阁，壁立千仞。穷地之险，极路之峻。世浊则逆，道清斯顺。闭由往汉，开自有晋。

秦得百二，并吞诸侯。齐得十二，田生献筹。矧兹狭隘，土之外区。一人荷戟，万夫趑趄。形胜之地，匪亲勿居。

昔在武侯，中流而喜。山河之固，见屈吴起。兴实在德，险亦难恃。洞庭孟门，二国不祀。自古迄今，天命匪易。凭阻作昏，鲜不败绩。公孙既灭，刘氏衔壁。覆车之轨，无或重迹。勒铭山阿，敢告梁益。

西晋太康初年，文学家张载去探望任蜀郡太守的父亲，途经剑阁时写下了这篇《剑阁铭》。

此文先述剑门关傲立四方山河的险峻地形，是蜀地的门户，乱世时守关割据自成天地，治世时又归中原朝廷。再写春秋战国时期秦国和齐国占据险关要塞而成就王图霸业，并表明朝廷要用亲信之人镇守剑门关，否则会发生谋逆叛乱。最后，通过分析巴蜀军阀公孙述和蜀汉刘禅虽据

○剑门关楼

○从关楼北望

○从关楼南望

险关，但倒行逆施而遭灭亡，以此劝谏朝廷不要空恃险关，而要勤修德政、化育民心，才能永保社稷。

时任益州刺史的张敏喜爱此文，将其呈奏朝廷。因其深刻正统的政治意义，受到晋武帝司马炎的激赏。晋武帝令人将此诗镌刻在山石上，以作警世铭文。

2

三国时期，刘备在成都登基称帝，建立蜀汉。诸葛亮为拱卫都城，亲自运筹，在大剑山至小剑山间凿石架梁，修建阁道和关楼，又设立阁尉一职，率领山民巡防。

诸葛亮在北伐途中去世后，姜维继承其遗志，独撑蜀汉北伐大旗。曹魏的司马昭发动了灭蜀之战。魏军主帅钟会率领主力筑垒明志，誓攻剑门关。副帅邓艾率领小部兵马，暗中由甘肃阴平道进发。邓艾部到达江油关时，仅剩下一千余人了，江油关守军不战而降。邓艾率残部与蜀军交战，连战连胜。后主刘禅召集群臣商议后决定：给邓艾开城，献玺；向据守剑门关的姜维下诏，令其归降钟会。

姜维率部将向钟会诈降，劝他割据巴蜀称王，又暗中联合蜀汉旧臣，计划待时机成熟，再除掉他，匡复蜀汉社稷。钟会本是有野心之人，便趁机拉拢姜维，引为兄弟，借姜维的影响力为自己反魏称王做铺垫。后来，各有盘算的两人又因做事不秘，被魏军部众剿杀。

传说，魏军兵士将姜维开膛破肚，发现他的胆囊竟大如斗，由此，有了“大胆姜伯约”的说法。又说姜维的心脏大如牛心，牛心在古时候代表忠勇。

剑门关，是维持三国鼎立的最后一关。如果后主刘禅奋起，号召臣民同仇敌忾围剿邓艾残部，那么坚守剑门关的姜维也会力拒钟会兵马。曹魏众多朝臣本就对蜀汉的险关要塞心存畏惧，不主张发兵灭蜀，远途奔袭的钟会大军一旦久战无功，就会粮草不继。前线军心动摇，后方臣僚反对声日隆，钟会就不得不班师回朝。如此一来，蜀汉或许可以延祚，再与东吴结盟，共抗曹魏，三国鼎立之势仍旧可期。可叹剑门雄关，蜀汉据之，将士守之，后主弃之。清代陶澍唏嘘遂赋《题姜平襄侯祠》：“北伐频年战斗劳，纷纷被敕倒旗旄。犹闻死后将军胆，空拔营中壮士刀。往事竟成蛇画足，天心已定马同槽。当归远志徒虚愿，岁岁祠前剑水号。”

剑门关一开，蜀汉江山轰然倾颓。十余年后，东吴灭亡，三国归晋。也可以说，剑门关一开，避免了更多的军民伤亡，也是天下归一的开始，即将结束黎民百姓长期以来承受的战乱之苦。如此说来，刘禅让剑门关做了一次“和平门”。

继承诸葛亮遗志的姜维九伐中原，将蜀汉疆域拓展到了陕西周至境内，当地百姓为纪念忠勇的姜维，将一座山岭命名为姜维岭。以忠勇将军之名冠万载峻岭之名，这在整个中国历史上也为数不多。姜维岭，是姜维的“斗胆扬威”之地；剑门关，是姜维的“牛心屈从”之地。

人们敬佩姜维的忠勇，在剑门关建了姜公祠。南宋时，百姓自发在大剑镇西侧驿道旁修建了一座姜维的衣冠冢。清代，官府重修祠堂，镌刻楹联：“雄关高阁壮英风，捧出丹心，披开大胆；剩水残山余落日，虚怀远志，空寄当归。”

如今，姜维的将帅之风，仍旧让蜀汉旌旗猎猎翻卷。

○ 刘备过关

○孔明立关

○姜维守关

○钟会故垒

○从钟会故垒眺望剑门关

蜀汉社稷四十年，姜维精魂寿千载。布阵拒敌时，七十二剑凌绝顶，共与将军射青芒；大计不得时，沥尽平生胆智后，抚罢雕鞘立残阳。

3

西晋时期的“八王之乱”开启了中国历史上近三百年的大混战。巴蜀因物产富庶，又有极其重要的战略地位，成为南北两地割据王朝屡次争夺之地。

这三百年的战乱，使各地百姓不能安居治产，生命也是难保朝夕。直到隋文帝杨坚代北周称帝，南北统一后，才结束了分裂动荡的局面。

隋文帝以史为鉴，采取了很多防止地方叛乱的措施。对巴蜀地区的政策是“巴蜀阻险，人好为乱，于是更开平道，毁剑阁之路，立铭垂诫焉”。建平道的同时，隋文帝遣四子杨秀任益州刺史，令忠正之臣辅佐杨秀。这些措施有效消除了巴蜀割据的隐患，维护了社会的安定。

○隋文帝颁令浮雕

○唐明皇幸蜀浮雕

幸蜀西至剑门

［唐］李隆基

剑阁横云峻，銮舆出狩回。

翠屏千仞合，丹嶂五丁开。

灌木萦旗转，仙云拂马来。

乘时方在德，嗟尔勒铭才。

唐玄宗由成都返回长安时，在剑门关题写此诗。唐玄宗所写“幸蜀”实则是为尊者讳、粉饰避难而已。“乘时方在德”指吴起进谏魏武侯为政者修德不恃险的事。“嗟尔勒铭才”即西晋时张载作《剑阁铭》一事。这两句是对自己失德亲佞而祸国殃民的忏悔。

唐玄宗即位之初励精图治，将宫中金银器物供军国建设之用，令后妃以下宫人不得穿戴锦绣珠玉；又选贤任能，历经三十年，朝野富足，创开元盛世。

天宝年间，唐玄宗昏愦怠政，疏远忠良，亲近奸邪，致使“安史之乱”爆发。安史叛军即将攻入长安时，奸相杨国忠力劝唐玄宗离京入蜀。凄怆的唐玄宗逃到马嵬坡时，护驾的官兵哗变，乱刀剁碎了杨国忠，为免后患，又逼唐玄宗赐死了杨贵妃。应逃亡百姓之请，太子李亨率领两千兵马北上平叛。

唐玄宗一行到达汉中后，再转金牛道抵达成都。连同官员、卫士和宫女仅有一千三百多人了。太子应部属拥戴，登基称帝，是为唐肃宗。唐玄宗成为太上皇，在成都驻跸了一年。唐肃宗收复长安后，恭迎唐玄宗返都。

唐玄宗入蜀行金牛道时，心情极度悲苦，几近丧国，痛失爱妃，江山社稷和自身性命都危在旦夕。后出蜀返都时，“丹嶂五丁开”使唐玄宗想起古时秦惠王为强国而奋击前行的峥嵘金牛道，竟然成了自己辱国避难的凄风苦雨之路。统国一隅的秦惠王进兵金牛道而成大国之主，荣耀史册，而他自己从万国来朝的大唐皇帝沦落为金牛道上的逃亡之君，颜面扫地。后来，唐代画家李昭道将唐玄宗“幸蜀”的情景作成了一幅画，称为《明皇幸蜀图》，又名《春山行旅图》。两个画名都是明丽悠游的字眼，然而丹青妙手却难绘唐玄宗颓靡哀悼的肺腑。

于唐玄宗而言，一路上的秀水激流和翠山墨峰都只是加愁添恨罢了。銮舆在金牛道上逶迤南行，与锦城渐趋渐近，离芳冢渐行渐远。

4

1935年，为策应中央红军北上抗日和打破川陕会剿，红四方面军主力于3月29日在苍溪塔子山强渡嘉陵江，与沿江敌人作战。4月2日黎明，红军总指挥徐向前将总攻任务委派给了王树声。接到任务后，王树声仔细研究地形敌势，采取奇袭敌侧的作战方略，兵分三路从东西南三面围攻剑门关。三路红军逐个击破了敌军外围据点。七位红军战士在剑阁乡亲的带领下绕道金牛峡一带发动突袭，缴获敌军一挺机关枪和一面番旗。七位战士化装成敌军混入关楼，击毙了数名守关敌军后，架起机关枪封锁了关口。王树声又调集火力，围攻顽抗的敌军。红军鲍政委在战斗中胸部连中数弹，在生命的最后一刻，他用尽全力向敌军阵营扔了一颗手榴弹。趁红军炮兵连压制住敌军火力的间隙，另一路红军冲入敌军阵地展开了白刃战。一位红军战士冲上敌军制高点，拔掉了敌军番旗，插上了红军血染的旗帜。在红军多方围攻下，敌军溃败逃散，很多人坠崖身亡，红军全面占领了剑门关。当地百姓与红军建立了深厚的情谊，高唱着“风吹雨淋雷打闪，红军攻克剑门关。各路军阀如山崩，我送红军出四川”。

古代，因了称王称霸者的豪志，不计其数的士兵在这里刀戈相向，使剑门关成为关隘险绝的幽冥关口，这些沟涧堆积过多少白骨，这些荆棘浸灌过多少铁血。在这剑门关中，明月照泣春山鬼；在这剑门关外，腥风吹老秋院人。

5

剑门关金牛峡，据传是因五丁力士运石牛时，一头石牛受惊逃进峡谷中不见了踪迹而得名。人们在峡谷绝壁上修造了栈道。栈道长1500米，缘峭壁而建，树木掩映中，栈道时隐时现。

当地有个传说，很久以前，剑阁有一户贫苦人家，爷孙俩相依为命，靠上山下谷采药为生。为了照顾年迈的爷爷，小伙子每天早出晚归不惧艰险地寻采药材。一日，小伙子挖了一些药材正往背篓里装时，忽然看到峡谷中闪出一道金光，小伙子心中纳闷，峡谷里并没有人家居住，怎么会出现这耀眼的金光？小伙子睁圆了眼睛观瞧，原来是一头金光灿烂的金牛。金牛将整个峡谷照耀得光华万丈，悠闲地走向峡谷深处。小伙子抑制不住好奇，悄悄跟在金牛后面。令人更惊讶的是，金牛行到绝壁前时，“哞”地叫了一声，“轰隆”巨响后，一道石门随之开启，金牛轻轻一跃就进了石洞。小伙子手疾眼快，紧跟着爬进了石洞。眼前的景象让他目瞪口呆——宽敞的金屋里，摆放着金柜、金桌、金椅、金碗、金筷、金杯、金壶，一切都是金器。在他不知所措之际，一位和蔼可亲的老婆婆出来招待他坐下喝水。过了一会儿，老婆婆说要去磨坊做活了。小伙子也跟进了磨坊，只见金磨上堆着金豆子，老婆婆驾着金牛慢慢地转着。小伙子准备回家的时候，老婆婆说屋里的任何物件都可以带走。于是，小伙子向老婆婆要了一些金豆子离开了。回到家后，小伙子将在金牛峡的奇遇向爷爷说了一遍。爷爷说很少有人能够见到金牛，而见到金牛的人都会得到神灵赐福。小伙子听后高兴极了。到了点豆的时节，爷孙俩眉开眼笑地在地里点着金豆子。几个月后，豆子大丰收，爷孙俩用金灿灿的豆子点豆腐，点出的豆腐嫩滑喷香，吸引了很多人来买，家里的生活也渐渐地宽裕起来。这些事在乡里传了开来，人们纷纷赶到金牛峡寻踪觅迹，渴望着进入石洞。有些人始终不得石门而入；有些人有幸进了石洞，得到了一些金子；有些人想要牵走金牛；有些人想把石洞中的所有金器都搬回家；有些人谋划结伙进入洞中大肆抢掠。老婆婆气愤地抓了一把金豆子扔出洞外，那群贪婪的人又拥出石洞抢金豆子，随即石门关闭了。任洞外的人如何喊叫敲打，石门再也没有开过。

○远眺金牛峡栈道

○金牛峡栈道长廊

第十四章　翠云廊

普安镇（古剑州城）里一些年老的人，提起古代剑州知州李璧和乔钵时都是敬仰不已：两位古人都为剑州做了很多好事，剑州百姓还为他们立了祠堂；他们一个整修了翠云廊，一个为翠云廊写诗。有了他们，也才有了现在的翠云廊。

翠云廊，是古金牛道的绝美遗存。不论是飘风送雨，还是阳光普照，行走在翠云廊的浓荫中，都会使人生发幽情。一个人静静地走，或与亲朋信步闲聊，都是别样的休憩。这些苍翠的柏树是古金牛道的记忆。这些记忆，到现在已经有两千多年了。

秦始皇统一天下后，在全国广修驿道，并在沿途栽植松柏。参天的柏树也彰显了皇威，所以剑门柏树也被百姓称作皇柏。蜀汉时，因军政事务往来频繁，邮传驿卒时常迷失在山道中。于是，巴西（今四川阆中）太守张飞率领将士自阆中至昭化凿石开山，将原来的小道拓宽成石板大路，又号召百姓沿道路两旁栽植柏树。以后，各朝代均会补植驿柏。

明正德十三年（1518），李璧（字白夫）任剑州知州。为了发展地方经济，李璧亲自规划路线和修筑方案。他和百姓一起劳作，开山凿石，整修了剑州东南至阆中、剑州西南至梓潼、剑州东北至昭化的驿道，又在驿道两侧补植柏树。同时，颁布“官民相禁剪伐”令，保护沿途树木。此后，历任剑州官员上任和离任时，朝廷会以驿道柏树的保护状况作为官员政绩进行考核。这些翠柏被当地百姓尊称为李公柏。

这挺立着蓊郁柏树的驿道，一直唤作剑门路。自李璧广植柏树一百余年后，葱翠的剑门路迎来了剑州知州乔钵，“翠云廊”也随他而至。

乔钵，字文衣，河北内丘人，自幼便以文采驰名，一生热衷游赏幽僻荒野。清王朝建立后，朝廷急需笼络人才治理天下。因此，大名远扬的乔钵受诏，入仕为官。他在五十八岁时，调任剑州知州。

乔钵的文采华章和清廉官誉早已名动天下。他刚踏上剑州土地，当地百姓僧尼便夹道欢迎，演奏佛乐向乔知州致敬。

初到任上，剑州民居商铺都已是断壁残垣，署衙也是破败不堪。之所以会有如此惨况，皆因明末战乱所致。城内百姓惨遭劫掠、屠杀，剑州也沦为死城。

剑州百姓除了战争伤亡外，还有些人为了躲避繁重的水运和陆运徭役，而藏匿在深山老林中。为了重振剑州，乔钵或走街串巷登门造访，或屡入深山劝民归城。乔钵深入山林踏勘时，因人烟稀少，经常自己采薪觅水，生火煮饭。

经过实地走访，乔钵更加深入地了解了剑州境况。于是，他采取了一系列恢复民生的措施，如给百姓提供粮种耕牛，招抚流民定居，扶助青年婚嫁，为百姓建造瓦房，他自己却常年居住在茅屋中。

远离家乡，身处异地，孤独一人，每逢佳节倍思亲。乔钵望着别家的欢颜，听着别家的笑语，嗅着别家的炊烟，四面八方的热潮涌入胸膛中，凝聚成难以排遣的幽思。

剑州城南有座天榜山，山上有巨大的横石，宛如题榜，与剑州学宫遥遥相对。乔钵便令石匠将历朝历代出自剑州的学子科名刻于其上，再涂以红色，效仿“雁塔题名”，命名为小月台。

所谓“雁塔题名”是指唐代的一种学子风俗。新科进士在皇帝曲江赐宴之后，都会来到大雁塔内题名，如同“金榜题名”一般，作为人生最大的荣耀。日后，谁如果身居卿相高位，又会将先前的墨笔题名改成朱笔题名。

乔钵此举可谓妙趣横生，不仅使剑州人倍添光彩，也给剑州增添了一处妙景趣话。

剑州百废待兴，乔钵顾不得回家探亲。爱女去世时，他仍在衙署履职。

一片清风茅庐月，映照着一方印鉴；几度相思桑梓魂，摩挲着几载家书。乔钵归家心切，更恤民情切。

乔钵任知州共七载，他离任时，剑州已是一派欣欣向荣的气象，人口增加数量是全四川之首，百姓有安居之处，有生计之业。他将自己在剑州写下的一百五十余首诗汇编成集，取名《剑阁草》，因为他初到剑州时眼中是漫山遍野的荒芜。而他在任时写下的《翠云廊》更是散发着碧洁晶莹的光辉：

剑门路，崎岖凹凸石头路。两旁古柏植何人？三百里程十万树。翠云廊，苍烟护，苔花荫雨湿衣裳，回柯垂叶凉风度。无石不可眠，处处堪留句。龙蛇蜿蜒山缠互，传是昔年李白夫，奇人怪事教人妒。休称蜀道难，莫错剑门路。

从此，剑门路一改兵戈之名，换上了“翠云廊”这一雅称。

古代有立德、立功、立言之论，如此“三立”，乔钵都已不朽。清廉忠正，是他为官之德；荒城焕新，是他为官之功；怜恤诗文，是他为人之言。

剑州，留下了乔钵的足迹，更铭刻下了乔钵的才德。足迹，虽然可以被风雨吹剥殆尽，但是才德，却会与日月交映生辉。乔钵年迈的身影，早已如剑州的山岭一般峻拔；

乔钵斑驳的白发，也已如剑州的翠柏一样常青。一地秀朗山水，一任冰雪知州，一腔忠义肝胆，几载惠风政令，百代不朽身名。

○剑州“秀分阆苑”楼

第十五章　上亭驿

唐玄宗是我国历史上著名的皇帝，他不但开创了开元盛世，而且与杨贵妃缠绵悱恻的爱情故事更是家喻户晓，被后世作诗题咏，甚至编戏成曲。兴平马嵬坡有杨贵妃的遗骨，剑阁上亭驿有唐玄宗的遗音。上亭驿，如今被称作上亭铺，是一个村庄，住户不多，每家院中都栽培着几株柚子树。挂在树上的那些柚子，似乎就是青绿的宫灯，映照着旁边的上亭驿纪念碑。

唐玄宗一行至梓潼时，夜宿上亭驿。时值秋季，阴雨沥沥，寒风瑟瑟，车驾上的铜铃叮叮当当，在唐玄宗听来，声声都像是杨贵妃的凄婉呼唤："三郎，三郎……"秋风飘雨中听到如此呼声，唐玄宗悲情难禁，依风雨之音谱写出了一首肠断销魂的新曲，取名为《雨淋铃》。到北宋时期，著名词家柳永依《雨淋铃》曲意作《雨霖铃》词。

寒蝉凄切。对长亭晚，骤雨初歇。都门帐饮

无绪，留恋处，兰舟催发。执手相看泪眼，竟无语凝噎。念去去，千里烟波，暮霭沉沉楚天阔。

多情自古伤离别，更那堪，冷落清秋节！今宵酒醒何处？杨柳岸，晓风残月。此去经年，应是良辰好景虚设。便纵有千种风情，更与何人说？

柳永写着自己在秋雨初收时的离情别绪，但这更是曾经唐玄宗的哀思恸悼。然而，柳永与情人是生离，唐玄宗与佳侣却是死别。

清秋冷雨，浊泪热肠，此后的唐玄宗在成都的红香绿玉中驻跸一年，但于他而言，良辰已经随着贵妃一同湮没于黄泉之下，美景也都是流水落花，褪了颜色，漂荡远去，只在记忆中留下永不凋谢的芳华。

据《新唐书·礼乐志》记载："帝幸骊山，杨贵妃生日，命小部张乐长生殿，因奏新曲，未有名，会南方进荔枝，因名曰《荔枝香》。"

据《明皇杂录》记载："明皇既幸蜀，西南行，初入斜谷，属霖雨弥旬，于栈道雨中闻铃，音与山相应。上既悼念贵妃，采其声为《雨淋铃》曲，以寄恨焉。时梨园子弟善觱篥者，张野狐为第一。此人从至蜀，上因以其曲授野狐。洎至德中，车驾复幸清华宫，从官嫔御多非旧人。上于望京楼下命野狐奏《雨淋铃》，曲未半，上四顾凄凉，不觉流涕，左右感动，与之歔欷，其曲今传于法部。”

缱绻甜蜜的《荔枝香》，陡然换世，成了死别苦涩的《雨淋铃》。十载天长地久之愿，换作千年肝肠寸断之恨。

柳永《雨霖铃》之悲词，载不动唐玄宗《雨淋铃》之遗痛。后世填《雨霖铃》词者不胜枚举，佳作名篇亦不在少数，但唐玄宗椎心泣血的情感经历，终究不是这些词人感怀之语句所能尽现的。

千百年来，行经上亭驿的文人墨客络绎不绝，有感于天宝旧事，抒怀题壁，留下不少佳作。其中同情唐玄宗者有之，讥讽唐玄宗者亦有之。

雨　霖　铃

[唐] 张祜

雨霖铃夜却归秦，犹见张徽一曲新。

长说上皇和泪教，月明南内更无人。

上亭驿

［唐］罗隐

山雨霏微宿上亭，雨中因想雨淋铃。

贵为天子犹魂断，穷着荷衣好涕零。

上亭驿属剑阁道范围，因而唐玄宗在上亭驿闻铃之事，也被后世称作“剑阁闻铃”。

清代光绪年间，《剑阁闻铃》广为流传。

马嵬坡下草青青，今日犹存妃子陵。

题壁有诗皆抱恨，入祠无客不伤情。

万里西巡君前去，何劳雨夜叹闻铃。

杨贵妃梨花树下香魂散，陈元礼带领着军卒保驾行。

叹君王万种凄凉千般寂寞，一心似醉两泪如倾。

愁漠漠残月晓星初领略，路迢迢涉水登山哪惯经。

好容易盼到行宫歇歇倦体，偏遇着冷雨凄风助惨情。

剑阁中有怀不寐唐天子，听窗外不住的叮当连连地作响声。

忙问道："外面的声音却是何物也？"

高力士奏："林中雨点和檐下金铃。"

这君王一闻此言，长吁短叹……

说："正是断肠人听断肠声啊！

似这般不作美的铃声，不作美的雨呀。

怎当我割不断的相思，割不断的情。

洒窗棂点点敲人心欲碎，摇落木声声使我梦难成。

当啷啷惊魂响自檐前起，冰凉凉彻骨寒从被底生。

孤灯儿照我人单影，雨夜同谁话五更。

从古来巫山曾入襄王梦，我何以欲梦卿时梦不成。

莫不是弓鞋懒踏三更月，莫不是衫袖难禁午夜风。

莫不是旅馆萧条卿嫌闷，莫不是兵马奔驰心怕惊。

莫不是芳卿心内怀余恨，莫不是薄幸心中少至诚。

既不然神女因何不离洛浦，空叫我流干了眼泪盼断了魂灵。

一个儿枕冷衾寒卧红罗帐里，一个儿珠沉玉碎埋黄土堆中。

连理枝暴雨摧残分左右，比翼鸟狂风吹散各西东。

料今生璧合无期珠还无日，但愿得泉下追随伴玉容。

料芳卿自是嫦娥归月殿，早知道半途而废又何必西行。

悔不该兵权错付卿义子，悔不该国事全凭你仲兄。

细思量都是奸贼他把国误，真冤枉偏说妃子你倾城。

众三军，何仇何恨和卿作对。可愧我想保你的残生也是不能。

可怜你香魂一缕随风散，却使我血泪千行似雨倾。

恸临危，直瞪瞪星眸，咯吱吱的皓齿，战兢兢玉体，惨淡淡的花容。

眼睁睁，既不能救你又不能替你。

悲恸恸，将何以酬卿又何以对卿。

最伤心一年一度梨花放，从今后一见梨花一惨情。

我的妃子呀！

一时顾命诬害了你，好叫我追悔新情忆旧情。

再不能太液池观莲并蒂，再不能沉香亭谱调清平。

再不能玩月楼头同玩月，再不能长生殿内祝长生。

我二人夜深私语到情浓处，你还说恩爱的夫妻世世同。

到如今，言犹在耳人何处，几度思量几恸情。

窗儿外铃声儿断续雨声更紧，房儿内残灯儿半灭御榻如冰。

柔肠儿，九转百结百结欲断。泪珠儿，千行万点万点通红。

这君王一夜无眠悲哀到晓，猛听得内官启奏请驾登程。

凄风苦雨中，唐玄宗天人交战：霓裳换作白绫，羽衣换作黄土，曼舞换作踉跄，轻歌换作哭嚎。在骊宫，鸟喧春山泉流粉；在剑阁，驿困秋魂雨淋铃。伶仃异乡，觱篥吹彻梨园雪；凝眸前尘，双鸾雾里沉香亭。

○唐明皇幸蜀闻铃处

第十六章　七曲山

我在古柏王向三个路过的老者打听哪里有古道遗迹，他们都很热心，只是他们所说的方向不一致，我不敢贸然听取。后来，见有一位女孩手里捧着登记簿，沿途勘查需要保护的古柏树，我迎上前去，向她问询。女孩说她也不明白。随后，她的同事开车过来了，也摇头不知。女孩见我一身尘劳，就邀我上车，说可以送我到文昌庙看一看，或许在那里可以了解到一些情况。一路上，女孩热心地介绍当地的风俗，又嘱咐我在寻访古道时多保重。听着她的话，我的感动无以言表。在文昌庙前下车后，我深深地向女孩鞠了一躬，挥手道别。

古人经金牛道自陕入川至七曲山时，便是崎岖历尽后坦途开始了。所以，明清两代，官府在此建造了“坡去平来”石坊。

相传，唐玄宗入蜀时，夜宿七曲山，梦到晋代仙人张亚子说他将成为太上皇。梦醒后，唐玄宗向群臣诉说梦境，并诏封张亚子为左丞相。后来，唐僖宗也逃难入蜀，途经七曲山，又加封张亚子为济顺王。由此，张亚子声名大振，再经宋代几朝皇帝的宣扬加封，张亚子被尊奉为掌管天下学子命运的文昌帝君，专主人间禄籍，成为“北孔子，南文昌”的中国古代文人信仰。

唐玄宗卧眠的石床被后世建庙供奉，称为应梦仙台。供奉文昌帝君的大庙成为中华文昌宫祖庭。

另传，五丁护送秦国五位公主到达七曲山时，一条巨蟒将公主掳进了山洞。五丁为救公主，与巨蟒酣战，大山崩塌，五丁与五位公主一并葬身山中。五位公主被合葬一墓，汉代时当地百姓营建了庙宇纪念五位公主。五丁原为金、木、水、火、土五行星君转世，历经此劫后，五丁成就神位，人们修造祠庙祭祀五丁。

五妇墓、五妇庙、五丁祠都在水观音庙中。庙中有一口剑泉，据说就是五丁插剑时所形成的古泉。一位女居士给我灌了一瓶泉水，味道甘洌清凉。向她鞠躬道谢后，我走到金牛道旁，几棵古柏遒劲的根系守御着一些石板，沧桑的金牛道在浓荫下泛着点点幽光。

移步七曲山，佛庭中有春溪游鱼，仙观中有秋空飞鹤，这一派春溪鱼近秋鹤远的视界，令人忘情；漫游七曲山，香烟缥缈中有太虚幻境，梵经回漾中有灵山法会，这一派太虚无极灵山深的妙乡，使人忘忧。

金牛古道上，丽日翠云下，飘然拂袖，拂净劳尘。

○文昌庙

○坡去平来碑

○唐玄宗应梦仙台

○五丁力士战巨蟒

○五丁神像

○五妇神像

○五妇墓

○金牛道

○金牛道路石

第十七章　魏城驿

1

与魏城镇相邻的石牛堡，是一个和五丁石牛传说息息相关的镇子。据当地民间传说，五丁力士在七曲山与巨蟒搏斗时，地崩山裂。一头金牛受惊，逃至四堆山后化为状如蹲踞的石牛。

人们认为这头牛成了仙，就建起了一座庙供奉牛王神。唐代名臣杜如晦作诗咏叹："苔藓作毛随雨湿，藤蔓穿鼻任风牵。从来不食溪边草，自是难耕陇上田。"

清代咸丰年间，县令张香海立碑题字"古石牛堡"，镇名由此而来。

石牛堡是梓潼县城的南大门。

据当地人说，石牛堡还有多处蜀汉遗存，是三国文化爱好者的游览胜地。从石牛堡乘车南行不久，便到魏城镇，即古金牛道上的魏城驿。

2

魏城镇青杠村塔子梁上的文风塔是魏城驿的历史遗存，更是古魏城人的文化骄傲。

据说，宋代苏易简在魏城文昌书院求学中状元后，家族中又有三人中进士。但从宋代之后，魏城再也没出过鸿儒名士，这成为当地人难以解开的心结。及至清光绪五年（1879）魏城驿丞李蕃为了重振魏城儒学，倡议建造文风塔。

自文风塔修造成后，梓潼和临县有很多文人学子前来游赏祷告，兴之所至，不免援笔题诗。

题 文 风 塔

[清] 宋文田

君不见慈恩寺雁塔题名留姓字，
走马看遍长安花，艳说缘衣新进士。
又不见苏东坡砖塔书铭字无多，
艺林尊重同多宝，金光金石不消磨。
此塔不须藏舍利，八面玲珑灿银河。

20世纪60年代，文风塔成为群众集会学习的场所，人

○石牛堡碑

○牛王神

们在塔内绘制宣传画和标语。

时至今日，文风塔虽已不再有晚清时期的文化盛况，但塔内依然供奉着文昌帝君、奎星菩萨、雷神菩萨，常有人来上香祈愿。

○文风塔

○文风塔内

第十八章　罗江驿

1

清晨，在罗江畔有很多锻炼身体和垂钓的人。我向几个人问起古代罗江驿的事，他们都摇头不知。偶尔有人说起罗江县是古金牛道的必经之地，而驿站所在之处早已无人知晓了。罗江畔李化楠与子侄的石刻群雕是一处令路人仰观的文化遗存。群雕旁有李调元纪念馆，只是那天恰好闭馆，没能一览其藏。走上太平廊桥，上面都是店铺，有卖文玩的，有卖衣饰的，三五成群的人们闲聊着。

在今天这幽静的罗江附近，曾有供古人羁旅暂歇的驿站。在驿站中，曾留下了两位诗人的濡墨愁肠。一位是北宋的宋祁，一位是南宋的陆游。

题罗江翠望亭兼简西游君子

[宋] 宋祁

暂解征鞍息使邮，孤亭望断更夷犹。

山从剑北呈天险，树遍巴西送客愁。

拂衽风和循幌入，濯缨江好近人流。

凭君且作刚肠忆，怀远思归易白头。

宋祁，北宋著名词人，因其《玉楼春》词中一句“红杏枝头春意闹”而名噪词坛，被时人雅称为“红杏尚书”。宋祁赴成都任太守时，经临罗江驿，面对新地新景，回想起故人故事，离愁别绪一齐涌上心头，晕染在墨中，凝结在笔端。

诗题中的翠望亭是驿站中的亭阁。唐玄宗入蜀途经罗江县时，县令为了迎接御驾，组织工匠在驿楼旁修造了亭子。当地人又称其为“接王亭”，罗江驿也因接王亭而声名远扬。

百余年后，壮志难酬的陆游路过罗江驿时，看到了前辈宋祁的题诗，反复吟咏品赏。同是千里迁行之人，同是情愫明敏之人，两个孤独寂寞的灵魂在一面破败的墙壁上产生了动人的纠缠，世事变迁，不陨诗思，陆游挽袖援笔，同吟行旅愁绪。

罗江驿翠望亭读宋景文公诗

[宋] 陆游

扑马征尘拂不开，高亭敧帽一徘徊。

蜀山地暖稀逢雪，闰岁春迟未见梅。

陂水近人无鹭下，烟林藏寺有钟来。

宋公出牧曾题壁，锦段虽残试剪裁。

宋祁，一生喜爱宴饮，过着酒醇食精的日子；陆游，一生热衷军旅，做着杀敌报国的铁梦。宋祁多娴雅情怀，陆游多峥嵘襟抱。两个不同时代的人，两个不同志趣的人，两首题写在一处的诗，交相辉映，使得罗江驿翠望亭成为诗坛佳话。

从那以后，停留罗江驿的旅人，观瞻翠望亭壁诗迹，体会着永世不变的羁旅心境：片时风暖红杏闹，长使马瘦剑南悲。

然而，日月相杀，昼夜不息，闻名遐迩的驿楼亭阁，都已倾颓无迹了。站在桥头，几只白鸟追逐着银波，啼声时近时远。

2

清嘉庆七年（1802），罗江县令陈启泰到任时，见罗江桥只剩下了一些桥墩，两岸百姓只能渡船过河，多有不便，于是，招募工匠修建桥梁。历经三年，新桥建成，时逢朝廷平定了白莲教起义，取从此天下太平之意，将桥命名为太平桥。

1997年，当地人在太平桥下方建造了与原桥走向一致、同孔等高的新桥，古新两桥合为一体。如此，古桥得到了保护，新建的廊阁更增添了太平桥的气韵。

离太平廊桥不远的街道，便是古罗江县文化渊薮的历史见证者奎星阁。在奎星阁旁，有一间比较幽暗低矮的茶舍，里面坐的都是老年人。他们或饮茶闲聊，或打牌娱乐。茶舍老板穿行在一张张客桌前给客人们添茶续水，有时还开几句玩笑。除了这一处热闹，整条街都是宁静的，默默而立的奎星阁更显寂寥了。奎星阁之前是很热闹的，清代的奎星阁是罗江文人学子的朝圣之地，而罗江的文教盛况，却可远溯至北宋时期。

北宋熙宁三年（1070），罗江知县遵诏兴教立学，聘请先生创办学宫。自此，罗江文教日隆，俊彦辈出。南宋时，罗江学子孙观国高中进士，之后在各地为官，皆治政平易，削奸除恶，有仁者之勇。

明末张献忠率军入巴蜀，罗江县学毁于一旦，直到清代雍正年间，才重修县学。乾隆年间，李化楠中进士后，回归乡里教授学业，从学者近百人，培养了多位才德兼备的学生，其子李调元更是西蜀一代文宗，名扬四海。

李化楠族侄李鼎元和李骥元也相继中进士入翰林。其门生计万安以诗赞颂恩师："参差佳气入窗中，只觉纷华艳色空。暮暮朝朝遇赏识，峰峰岫岫见玲珑。依稀雪案无尘到，仿佛云程有路通。兴致挥毫多爽色，莫将悲赋怨苍穹。"

为培植罗江文脉，振兴县学，李化楠与有识之士倡议捐资修建了奎星阁。气势甲于绵州各县的罗江奎星阁，深受远近学人的倾慕。

罗江县学虽享人文盛誉，但在洋务运动和维新变法后，以主习"四书""五经"的传统教育在巨变的社会潮流中积

○李化楠家族群雕

○太平廊桥

○奎星阁

弊日显。因此，传统的罗江学院经过改制，成了新式学堂。学人修习新文化，奎星阁也渐渐地成了一处历史中的信仰。

在这座历史中的信仰前，有一间幽暗的茶舍。

第十九章　白马关

1

我还在罗江奎星阁观览时，几位喝茶的老人就热心地推荐说鹿头山白马关是金牛道遗存较多的地方，而且白马关也算得上是三国蜀汉众多英雄殉国的最后战场。白马关最早叫绵竹关，也叫鹿头关，后来为纪念骑白马牺牲的庞统，改名为白马关。白马关是护卫成都的最后一道关隘，来罗江县游览古迹的人，基本都会去白马关看看庞统墓祠。老人们神采飞扬地摆“龙门阵”，很多古人古事都在他们的闲聊中重生再现了，尤其是说起英年早逝的庞统，老人们都提高了嗓门争论，继而又摇头低叹。

在白马关景区，游客们未必会走完遗存的金牛道，但都会在庞统墓前看看，聊聊他的事迹。

庞统，号凤雏，湖北襄阳人，与诸葛亮齐名。他二十岁时拜访善于臧否人物的司马徽。一番深谈后，司马徽评价他是南州地区首屈一指的人才。

从此，庞统的名号在士子间流传开来。他为了鼓励更多人努力向善，弘扬道义，造福于社会，就特意高抬对方的品性才能，让人们对自身有信心，不断学习加深修养。因自身卓越的才能，他成了周瑜幕僚。后来，周瑜英年早逝，庞统投靠刘备。一开始没受到刘备的重用，后在东吴鲁肃致信推荐和诸葛亮的保举下，刘备才重用他。

益州牧刘璋虽善良爱民，但无远大抱负，闻说族兄刘备仁德英勇，就想拉拢刘备，一同进击汉中张鲁。刘备率兵入川，庞统随行协理军机。为了早日实现刘备据蜀建国的战略，庞统审时度势，建议刘备在宴会上挟制刘璋，如此可以轻而易举地占领成都，或在刘璋回成都后，趁其不备，出奇兵攻城。刘备碍于自己平素仁德的声名，不愿乘人之危，拒绝了这两个极好的计谋，选择循序渐进的用兵策略，先夺白水关，再战剑门关，进雒城，入成都。在攻打雒城时，庞统部与防守雒城的张任部交战，庞统身中流箭，伤重而亡，年仅三十六岁。

后来，刘备大军在雒城金雁大桥俘虏了张任。傲骨铮铮的张任拒不投降，最终被杀。

刘备痛失股肱，亲自在金牛道旁为庞统选了墓址，加封其为关内侯。后主刘禅追封庞统为靖侯，在墓前建造祠堂祭祀。传说，庞统去世后，张飞痛心疾首，梦中用赶山鞭驱石筑成点将台，调兵遣将为庞统报仇雪恨。庞统英年早逝，遗恨不消，后人至此，亦不免于遗恨。

鹿头关过庞士元庙

［宋］陆游

士元死千载，凄恻过遗祠。

海内常难合，天心岂易知。

英雄今古恨，父老岁时思。

苍藓无情极，秋来满断碑。

庞统被葬在金牛道旁，也是被葬在了蜀汉战场上。他的身后，又有无数的同袍为了蜀汉江山而血洒关前。他的墓碑，也是四十多年后蜀汉同袍的纪念碑。

2

三国末年，魏国司马昭出兵伐蜀时，姜维表奏后主刘禅，分派兵马驻守阳平关和阴平桥。但宦官黄皓不信魏军会攻成都，就暗自压下了奏章，导致朝廷不知军情，蜀军错失防守时机。魏军副帅邓艾暗渡阴平道，一路势如破竹。

诸葛亮之子诸葛瞻率军增援涪县时，蜀军前锋已败。尚书郎黄崇痛哭流涕，劝诸葛瞻立即固险防守，再勿失守。诸葛瞻认为不能仓促应战，便退回白马关防守。占据涪县后，邓艾遣使者向诸葛瞻传信："如果你投降，我向魏王保荐你为琅琊王。"诸葛瞻大怒，杀了魏使，与魏军决战。

蜀军大多是从后方紧急调派而来，没有实战经验，虽据有利地势并布八卦兵阵，但最终战不过魏军的猛烈攻势，前赴后继的蜀汉将士不断被击杀。诸葛瞻和张飞之孙张遵等蜀军将领被魏军砍下头颅，死无全尸。

白马关一战，大部蜀军阵亡，尸横遍野，血流漂杵。这场惨烈的卫国之战，深深地铭刻在了蜀汉遗民的记忆里。百姓将这蜀汉将士相继倒下的地方，凄凉地唤为"倒湾"。

○白马关楼

○金牛道上的饮马槽

○金牛道上的车辙和防滑线

○雒城

○金雁大桥

○俘虏张任雕塑

○庞统墓

第二十章　金牛道之遗韵——成都

1

据传，古蜀王杜宇本是天上神灵，他自天而降之地被称为天隳山。杜宇勤政宽厚，教导百姓耕种稼穑，深受百姓拥戴，尊为望帝。杜宇晚年，蜀地洪水为患，百姓流离失所、命在旦夕。辅臣鳖灵擅于治水之法，他带领蜀地百姓凿山疏浚，导出洪水。几年后，蜀地水患解除，百姓又恢复治产。杜宇遂将王位禅让给了治水有功的鳖灵（开明氏蜀王）。之后，杜宇在天隳山隐居，又心念百姓，在无尽的悲悯中化作春山杜鹃，日夜长啼，口吐鲜血，染红了朵朵山花。

“杜鹃啼血”成为后世文人诗词中常引的典故，名句佳作不胜枚举。

又传，唐玄宗避安史之乱，君臣走到天隳镇时，从长安传来唐军捷报。一路凄苦度日的唐玄宗才展露笑颜，准备回銮长安。从此，取天子回銮之意，天隳镇改称天回镇。望帝与唐玄宗成了天回镇的两道历史风景，后世有人赋诗：

天　回　山

［唐］张冬荣

一撮神土从天墮，无端挡得御驾回。

谁能忘却杜鹃鸟，望帝心声化翠微。

穿梭于树林中的杜鹃，伴随着金牛道上不同的时代和不同的人生。这其中有杜甫在成都的羁旅苦乐，也有薛涛在成都的悲欢离合。

2

唐肃宗乾元二年（759）夏初，杜甫带领妻儿从洛阳到华州任司功参军。因朝政昏暗，奸臣弄权，再加上关中饥荒，杜甫对时局深感失望，遂辞掉官职，先去投靠亲侄，后又投靠老友。

杜甫一生如飘蓬浮萍，居无定所，甚至有时候食不果腹。他厌倦了四处漂泊的生活，做官为民的理想也总成泡影梦幻，于是他无奈地叹息道：“何当一茅屋，送老白云边。”他想就这样别无大愿地度过残生，但这一小小的愿望也似登天一般难以实现。

同年腊月初，杜甫全家从同谷县出发，历经险山恶水，终于在年底到达成都。在成都的故交为杜甫在浣花溪畔选择了一处搭筑茅庐的地方，“浣花溪水水西头，主人为卜林塘幽”。

浣花溪畔本是荒草丛生，杜甫与家人荷锄挥铲，开辟出了一块屋址，“诛茅初一亩，广地方连延”。地方不大，但也可以让一家人容身了。

一切还在初创阶段，全家日常生活所需的米粮菜蔬，也是朋友和街坊相送，“故人供禄米，邻舍与园蔬”。粗蔬淡饭，却是老友新交的深情厚谊，食之有味，甘之如饴。

荒草已除，就该购置建造草堂的用料了。身无分文的杜甫向在成都的表弟要资费，“忧我营茅栋，携钱过野桥。他乡唯表弟，还往莫辞遥”。

在修筑草堂的过程中，花草树木都是依靠故交和新识襄助。杜甫每寄出一首诗，便得来一片景色。

“奉乞桃栽一百根，春前为送浣花村。河阳县里虽无数，濯锦江边未满园。”(《萧八明府堤处觅桃栽》)

“草堂堑西无树林，非子谁复见幽心？饱闻桤木三年大，与致溪边十亩阴。”(《凭何十一少府邕觅桤木栽》)

“落落出群非榉柳，青青不朽岂杨梅。欲存老盖千年意，为觅霜根数寸栽。”(《凭韦少府班觅松树子》)

“华轩蔼蔼他年到，绵竹亭亭出县高。江上舍前无此物，幸分苍翠拂波涛。”(《从韦二明府续处觅绵竹》)

人间幽景，人间闲情，人间厚谊，在杜甫寓居浣花溪草堂的四年时间里一一享受到了。

江　村

［唐］杜甫

清江一曲抱村流，长夏江村事事幽。

自去自来堂上燕，相亲相近水中鸥。

老妻画纸为棋局，稚子敲针作钓钩。

但有故人供禄米，微躯此外更何求？

然而，这些温馨惬意的日子总是匆匆而过，并不常有。四季在草堂轮流替转，诗人捉襟见肘的境况没有改观。在草堂落成后的第二年秋天，杜甫所居茅屋就遭遇厄运，但他忧虑苍生的深情一如既往。

茅屋为秋风所破歌

［唐］杜甫

八月秋高风怒号，卷我屋上三重茅。

茅飞渡江洒江郊，高者挂罥长林梢，

下者飘转沉塘坳。

南村群童欺我老无力，

忍能对面为盗贼。

公然抱茅入竹去，唇焦口燥呼不得，

归来倚杖自叹息。

俄顷风定云墨色，秋天漠漠向昏黑。

布衾多年冷似铁，娇儿恶卧踏里裂。

床头屋漏无干处，雨脚如麻未断绝。

自经丧乱少睡眠，长夜沾湿何由彻？

安得广厦千万间，大庇天下寒士俱欢颜！

风雨不动安如山。

呜呼！何时眼前突兀见此屋，

吾庐独破受冻死亦足！

这首《茅屋为秋风所破歌》堪称展现杜甫卓越人格的代表之作。寒冷的秋天，屋顶的茅草被狂风卷得七零八落，顽皮的村童竟然也趁机欺负他。他简陋的茅屋，又时常漏雨，老妻娇儿备受苦楚。在如此的惨境中，杜甫推己及人，希望能够有让天下困苦寒士栖身安居的地方。他以老弱之躯，怀壮士之心，行圣贤之道，作大悲之诗，唤太平之世。

方寸草庐中，毫行蜀笺作清籁，诗映豆灯生云霓；无边夜空下，料计苍生寒扉外，孤月流明浣花溪。

流寓四川七年后，杜甫离开了。为了生计，他又奔波别处，也走进了生命最后凄凉的时光里。

五代十国时期，前蜀丞相韦庄寻访草堂，只见到几处草堂柱砥。感念于杜甫伟大的人格，韦庄出资在原址上重新修筑了茅屋，才使得草堂遗址不至于覆没在荒尘草蔓中。

○杜甫蜡像

年年岁岁，草堂的花草树木在春风里生发，在夏日中茂盛，在秋气间凋谢，在冬尘下蓄养。杜甫的一生何尝不是如此，历经磨难，忧国忧民的赤子之心总是不改其丹，不改其坚，不改其势。

不会改变的还有岁岁春风，年年为草堂增添芳华。

3

唐宪宗年间，唐军将领高崇文平定蜀乱，撤军时，不顾百姓生计，将财物搜刮一空。蜀地满目疮痍，民怨沸腾。迁任治蜀的武元衡视察偏远山区，行至嘉陵驿时，慨叹不已，作诗抒怀。

题嘉陵驿

［唐］武元衡

悠悠风旆绕山川，山驿空濛雨似烟。

路半嘉陵头已白，蜀门西上更青天。

当时，蜀地才女薛涛看到此诗后，为了鼓励武元衡，慨然赠诗。

续嘉陵驿诗献武相国

[唐] 薛涛

蜀门西更上青天，强为公歌蜀国弦。

卓氏长卿称士女，锦江玉垒献山川。

看到薛涛赠诗后，武元衡深受感动，邀请她入幕府，向她咨询蜀地民情。后来，西川节度使换任几届，薛涛都是幕府上宾，为治理蜀地献言献策。

薛涛，原籍长安，自幼随父母入蜀。在蜀为官的父亲死后，家道中落，年少的薛涛为了赡养母亲，为人献乐侑酒，挣取些许金钱。渐渐地，薛涛的才貌越来越为人所慕。时任西川节度使的韦皋令薛涛赋诗陪宴。韦皋对她的才艺颇为欣赏，让她入了乐籍，成为官中乐伎。

南越有人向韦皋进献了一只孔雀，薛涛非常喜爱，在庭院中开凿池塘，设置笼子蓄养。在与韦皋的情缘中，她一如这只孔雀。

薛涛最愿厮守终生的人是元稹。薛涛对于元稹的爱慕真挚深切，想要与他永结同心，如池上双凫，朝朝暮暮，共飞共还。但是，伴她最久的是一只孔雀。

薛涛平生虽然多身处游宴之中，但也是一竿傲立其间的清韵翠竹。她敬爱竹子的节，喜爱竹子的虚，所以她以诗咏竹。

酬人雨后玩竹

［唐］薛涛

南天春雨时，那鉴雪霜姿。

众类亦云茂，虚心宁自持。

多留晋贤醉，早伴舜妃悲。

晚岁君能赏，苍苍劲节奇。

歧路风尘后，薛涛居于浣花溪畔自制红笺，将一生际遇和一生感悟，都一笔笔地书写着。

和薛涛相伴多年的孔雀死于金风秋巢，以孔雀为伴多年的薛涛逝于次年炎光夏院。

匆匆生涯中，蓬身与江共云影，劲节逆波比竹姿；岁岁春风里，千树灼灼桃花笺，还待玉人画香诗。

○薛涛塑像

4

自开明氏九世蜀王在成都建都始，成都一直是蜀国王城。秦惠王灭蜀后，张仪奉令修建都城。后世风云变幻，多个割据政权，如刘备蜀汉、王建前蜀、孟知祥后蜀，皆在成都定都。

从关中秦汉唐的宫殿走到汉中，再寻踪觅迹到成都，古蜀王者的翠玉江山只剩下了这段灰苔城墙。我在这段城墙下走了几个来回，再漫步古蜀绣女濯锦的江岸时，波浪渐远，秋意渐浓。